# COMPRENDRE LES ENJEUX BANCAIRES EN AFRIQUE CENTRALE

Prospectives économiques des temps présents

## Collection « Études africaines »

*dirigée par Denis Pryen et son équipe*

Forte de plus de mille titres publiés à ce jour, la collection « Études africaines » fait peau neuve. Elle présentera toujours les essais généraux qui ont fait son succès, mais se déclinera désormais également par séries thématiques : droit, économie, politique, sociologie, etc.

Dernières parutions

Chrysostome CIJIKA KAYOMBO, *L'éducation des adultes en Afrique*, 2023.
Chrysostome CIJIKA KAYOMBO, *Alphabétisation et développement en Afrique*, 2023.
Patrick MILABYO KYAMUSUGULWA, *Gouvernance locale et reconstruction communautaire. L'est de la R.D. Congo*, 2023.
Ari GOUNONGBÉ, *L'individu collectif, Ubuntu au quotidien et en clinique psychologique*, 2023.
Jérôme OLLANDET, *La France et le Congo-Brazzaville, Histoire d'une marche singulière*, 2023.
Hans Peter HAHN, Alain Joseph SISSAO, Amado KABORÉ et Kathrin KNODEL (dir.), *L'avenir des ONG en Afrique de l'Ouest,* 2023.
Rose Mama DIOUF, *Réseaux sociaux numériques et jeunes. Penser les enjeux éthiques des usages,* 2023.
Moumouni SOUMANO, *Mali. L'intervention internationale à l'épreuve de la crise malienne*, 2023.
David YESAYA, *La réussite sociale du migrant postcolonial en France, Une analyse socio-littéraire dans les romans de Karine Tuil, Faïza Guène, Karim Amellal et El Hadji Diagola*, 2023.
Emmanuel LOCHA MATESO, *Écrire le Congo : De Conrad à Césaire*, 2023.
Moustapha SÈYE, *Pêcher pour survivre en Afrique. Les aires marines protégées au chevet de la pêche artisanale au Sénégal ?* 2023.
Fatoumata Bernadette SONKO, *Femmes sous silence au Sénégal. Une fabrique du patriarcat*, 2023.

Cédric Ondaye-Ebauh E.

# COMPRENDRE LES ENJEUX BANCAIRES EN AFRIQUE CENTRALE

## Prospectives économiques des temps présents

Nouvelle édition

L'Harmattan

**5-7, rue de l'Ecole-Polytechnique, 75005 Paris**
http://www.editions-harmattan.fr
ISBN : 978-2-14-034701-6
EAN : 9782140347016

À Tara OLONDO, à OTENA et OLONGANI.

À mon père et à ma mère.

À mon épouse et à nos enfants.

Et à tous ceux qui m'ont toujours soutenu dans mon parcours de vie.

*« O profondeur de la richesse, de la sagesse et de la science de Dieu ! Que ses jugements sont insondables, et ses voies incompréhensibles ! Car qui a connu la pensée du Seigneur, ou qui a été son conseiller ? Qui lui a donné le premier, pour qu'il ait à recevoir en retour ? C'est de lui, par lui, et pour lui que sont toutes choses. A lui la gloire dans tous les siècles ! Amen ! »*

*(cf. épitre de Paul aux Romains, chapitre 11- versets 33 à 36).*

# Introduction

La banque est une formidable invention. Certes, elle a pour matière première l'argent qui nourrit de mille manières l'imaginaire des Hommes. Mais, la banque crée également des liens pour son propre compte financier et parie sur l'avenir à travers l'immense ingrédient de la confiance. L'initiateur du métier ne fût certainement pas un philanthrope. Il fut probablement un amoureux des gains et un aventurier à l'imagination fertile, qui avait compris la valeur de la promesse ou la force de la parole ferme d'un engagement écrit. Ainsi, ce qui pouvait passer pour une séquestration ou un vol déguisé des avoirs d'autrui est devenu, par le jeu de la confiance mutuelle, un acte régulier de commerce d'un genre particulier. En effet, à la banque, on achète et on vend de l'argent, pour faire court. Mais à la banque aussi, on vend des concepts de vie sous forme de produits financiers ; on valide des idées ; on sélectionne et on fait des choix en rapport avec l'avenir des porteurs de projets. Donc, à la banque, on fabrique des niveaux de vie et on choisit le type de sociétés dans lesquelles on vit.

Assurément le banquier en responsabilité n'a pas la tâche facile car son métier va bien au-delà des simples techniques de gestion. Il lui faut en effet aussi une vision d'ensemble qui touche à la fois à l'analyse générale de l'économie, à la philosophie et à la sociologie sans occulter la sécurité nationale, non pas en termes de police de la richesse mais en termes de stabilité économique et donc de politique. Cette trame de fond a fait la force de l'industrie bancaire et, partant, la puissance économique des pays avancés, en plus bien entendu des autres atouts. C'est cette même trame qui semble manquer parfois, pour ne pas dire souvent, dans certains pays en développement où l'on pratique la banque comme un métier quelconque et où les règles techniques veulent tenir lieu de vision globale ou de philosophie de développement économique et social.

La finance et les institutions imaginées pour la faire vivre sont au service de l'économie. Elles n'échappent pas à l'apprentissage rendu particulièrement riche par les crises à répétition. Il y a donc une expérimentation continue. Sauf qu'en cette matière délicate, le choix de l'idéal social ou plus modestement des objectifs stratégiques prioritaires, doit sous-tendre la pratique et les expérimentations qui en découlent. La finance dans un pays en développement oblige en effet toujours à choisir entre réformer pour obtenir les résultats souhaités ou se borner à assister à l'enlisement du financement de l'économie en récitant avec conviction les principes de non-intervention étatique. Il faut en effet réaliser que dans le fonctionnement optimal du système financier se joue en réalité la vie des gens, la vitalité de l'économie nationale et finalement la place du pays dans le futur et sur la scène internationale pour les plus ambitieux. C'est pourquoi la réflexion stratégique, la recherche du liant complexe et caché et pourtant si solide entre les réalités financières et les phénomènes économiques est indispensable.

Comprendre les enjeux bancaires en Afrique centrale, c'est un exercice de dépassement de la lecture technique du métier de banquier pour ouvrir des nouveaux champs de réflexion qui au fond déterminent la nature du métier dans ce contexte spécifique et ce que pourrait être son apport véritable. La question de la confiance entre les institutions financières prêteuses et le public demandeur de financement demeure d'actualité ; le premier chapitre suggère des pistes pour analyser différemment cette asymétrie que l'on présente comme figée dans le marbre de la fatalité. La prise en compte du capitalisme moderne ainsi que des opportunités et même des risques qu'il génère aujourd'hui pour un pays en développement qui découvre l'augmentation de sa fragilité au gré des crises économiques constitue l'essentiel des chapitres du cœur de l'ouvrage. La fin du livre revient sur quelques modestes enseignements tirés de la crise en cours depuis 2014, notamment sur la recherche de l'efficacité entre la cohérence idéologique des approches de solutions et une économie elle-même qui, parce que encore mal comprise et probablement mal aidée, produit des réalités de plus en en plus difficiles, ce qui donne parfois le sentiment d'un éternel recommencement. Le présent ouvrage, nouvelle version d'une précédente édition modifiée en profondeur, n'engage en rien les Institutions que j'ai eues l'honneur de servir. Il est le produit d'une réflexion personnelle, un partage de ressenti et d'observations pour attirer l'attention sur le sens de ce qui reste à faire comme efforts dans ce vaste chantier du développement.

En ces temps propices à l'émergence de nouveaux paradigmes dans la manière de penser le développement économique et le progrès social à l'échelle d'un pays, il ne serait pas raisonnable de refuser de fabriquer d'autres grilles de lecture et des savoirs empiriques pour donner une autre dimension au secteur financier en Afrique en général, et en Afrique centrale en particulier. Dans cette région en effet, les enseignements à tirer du passé et de l'expérience des autres régions sont très riches pour ouvrir des passerelles, des cohésions et des coalitions efficaces pour ne pas semer à tout va dans le désert, mais pour construire solidement le développement sur cette expérience, avec le chapelet vivant et inépuisable de nos potentiels.

# Chapitre 1 :

# Asymétrie d'information et le financement de l'économie

Au cours des dix dernières années au moins, face à la faiblesse structurelle du volume de crédits alloués à l'économie par le système bancaire en place, les analystes locaux et internationaux sont arrivés à la conclusion que l'asymétrie d'information est la principale cause de ce phénomène. Ainsi, plusieurs réformes à l'instar « du crédit bureau » ont été réalisées pour apporter une réponse à cette situation qui explique en grande partie le retard de développement constaté dans la sous-région Afrique centrale. En effet, dans cette région géographique potentiellement riche, la production économique et la création de richesses souffrent d'une insuffisance, voire d'une absence, chronique de financements au profit des structures économiques telles que les entreprises, grandes ou petites, les commerçants et artisans exerçant dans différents secteurs. La question est de la plus haute importance car sans financement de l'économie, il n'y a pas de développement sinon pas d'économie tout court.

Dès lors, les responsables du secteur financier, de la Banque Centrale aux banques primaires en passant par les responsables politiques en charge des questions financières, doivent considérer la question du financement de l'économie comme une question vitale qui conditionne le devenir des pays et le type de vie proposé aux générations futures. Pour ce faire, il me semble nécessaire de commencer par sortir des erreurs d'analyse communément admises et qui prennent parfois pour vérité des choses vraisemblablement fausses car n'intègrent pas toujours les jeux d'acteurs et l'asymétrie, non pas d'information, mais de visions entre les acteurs du « jeu » du financement de l'économie.

## 1.1. Asymétrie d'information ou jeu à somme nulle des acteurs

Les métaphores ne manquent pas pour illustrer la situation du banquier face au demandeur de prêt dans une banque cossue de la place. On peut voir dans les postures, dans les expressions verbales ou gestuelles, à l'occasion d'un entretien sur le sujet, qu'il y a un puissant et un faible ; qu'il y a un gagnant de la vie moderne et un autre qui *a priori* perd. Il perd parce qu'il n'a pas rassemblé les bonnes informations pour donner de la consistance à son dossier ; il perd aussi parce qu'il ne connait pas forcément les bons codes d'un entretien chez le banquier ; il perd encore parce qu'on ne le connait pas très bien et qu'on ne lui fait pas confiance.

Lorsqu'il est malhonnête, le perdant désigné va choisir de fausser l'information sur son dossier pour arracher un accord, prendre l'argent et partir pour ne plus revenir aux guichets de l'établissement. Fier de lui-même, il pensera avoir triomphé des puissants et vaincu l'injustice en prenant sa part de richesse. Revanchard sur la société, il peut aussi penser qu'en prenant au banquier par la ruse, il a capturé une part des gains qui y sont logés par les riches de la société.

A contrario, lorsque le perdant est honnête, il va, son dossier entre les mains, insister pour forcer sa chance, pour créer un argumentaire décisif. Mais hélas, trop d'inquiétudes ; trop de préjugés à son égard dans l'esprit de son interlocuteur. Et déjà le recevoir, c'est en soi une grande faveur qui malheureusement ne compensera jamais son impuissance face à l'éloignement de l'espoir de réussir, lui-aussi.

Dans ce face-à-face improbable, le banquier voit parfois le demandeur de prêt comme un nécessiteux ou comme un escroc en puissance voulant le gruger. Il ne le voit pas comme un partenaire, un espoir ou un créateur de richesses en devenir. C'est de cette situation que nait le soupçon sur certaines banques étrangères perçues comme souples avec les uns et très rudes avec les autres. On leur prête, probablement à tort, l'idée d'être toujours tournée vers le pays lointain d'origine et faisant très peu cas des locaux à la recherche d'opportunités de financement. Ce serait donc le prolongement du rapport entre « le puissant et le faible » ; entre le citoyen du monde venu là pour un temps et l'autochtone qu'il faut cantonner à sa place et à qui il ne faut pas donner les moyens de devenir riche afin de ne pas rompre l'ordre social. De cette situation réelle ou imaginaire, est née dans l'esprit des révolutionnaires d'antan l'idée d'avoir des banques publiques et/ou des banques à capitaux nationaux pour porter une autre vision, celle de la proximité, de la confiance bancaire spontanée envers les siens, celle de l'intérêt général de la communauté.

Dans ce jeu, lorsque le banquier récite consciencieusement les critères d'éligibilité des projets au financement sans prendre le temps de voir, même d'entrevoir, les perspectives réelles du projet qui lui est soumis ; lorsque le banquier ne veut prendre aucun risque et refuse de faire confiance à partir d'une lecture caricaturale des intentions du vis-à-vis, l'asymétrie dépasse le cadre de l'information. Elle couvre aussi les apparences et les idéologies, elle devient totale.

Le principe est que l'information détermine la confiance. Mais en l'absence d'information, celui qui décide peut substituer à l'information manquante une autre information. Il peut décider dans un sens ou dans un autre selon son intime conviction, tout comme le juge qui décide de la liberté du prévenu, de la prison ou de la mise à mort, en s'appuyant aussi hélas parfois sur sa propre conviction pour ne pas dire ses propres émotions. Et les émotions, le banquier en a également. Combien de clients cauteleux en costard-cravate n'ont-ils pas, en Europe ou ailleurs, trompé les banquiers par l'apparence du luxe affichée par le port en mains d'un caniche, summum de l'impression de richesse ?

Ainsi donc, le banquier, ô quel immense pouvoir, déciderait de la pauvreté ou de la richesse dans les familles et dans les pays en développement. C'est la raison pour laquelle ce métier est très protégé et en principe très sélectif sur ses préposés. C'est aussi pourquoi partout où les économies se développent, les pouvoirs publics surveillent ce secteur et lui imposent une vision profitable au plus grand nombre, en refusant les idéologies économiquement mortifères d'une finance exclusivement technique et sans impact positif sur la vie des gens. Des banques centrales réputées pour leur sérieux et pour leur attachement à l'orthodoxie en sont venues à imaginer des mesures inédites (appelées pudiquement mesures non conventionnelles) pour sauver le présent et sauvegarder l'avenir face à des économies en risque d'effondrement. Des gouvernements conscients de ce risque ont modifié des règles et encadré vigoureusement le secteur financier pour le sauver et surtout pour le contraindre à être en capacité de soutenir l'économie. Cependant, refuser de voir cela, c'est le début de la véritable asymétrie des visions qui traduit en fait un dialogue impossible entre les deux camps qui pourraient n'en faire qu'un seul mais font aujourd'hui encore office de deux mondes différents.

### 1.2. Asymétrie d'information ou asymétrie des visions

Le financement de l'économie met en situation principalement trois types d'acteurs : les institutions financières qui offrent les capitaux, les demandeurs de prêts et les institutions généralement publiques d'accompagnement et de régulation du marché.

Les institutions financières s'inscrivent fondamentalement dans une logique commerciale. Celle-ci est accentuée à la fois par la disparition progressive des banques publiques et par l'apparition de la concurrence sur le marché de l'offre, bien que les comportements s'apparentent à des positions oligopolistiques face à une demande de financement massive et durable. Tout compte fait, et bien que les marges financières s'amenuisent progressivement, la prime de risque dans la composition de la tarification des prêts reste élevée. Par ailleurs, la faiblesse du volume de crédits au regard du niveau de la demande, traduit également par le refus de financement, l'idée du risque. Ainsi, la vision du financement de l'économie telle qu'elle est portée par ce premier groupe d'acteurs est une vision minimaliste. D'où le poids exorbitant de la composante « opérations diverses » dans le chiffre d'affaires des banques ; d'où également la forte demande de placement des excédents de liquidité à la banque centrale alors qu'ils devraient être normalement orientés vers l'économie réelle c'est-à-dire dans l'octroi de crédits au secteur productif. Bien entendu, il y a sur ce plan des banques plus engagées que d'autres et qui considèrent la prise de risque comme faisant partie de l'ADN de leur métier, même si la conjoncture économique, souvent plus défavorable que l'inverse ne leur facilite pas la tâche. En effet, à chaque retournement de conjoncture économique, un certain regard plutôt inquisiteur est porté sur elles comme pour les accuser de s'être trop engagées dans un environnement perçu à tort comme irrémédiablement hostile au crédit.

Mais, je pense que de mettre en avant l'accroissement des créances en souffrance pour affirmer que les banques s'engagent trop est une mauvaise manière d'aborder la question du financement de l'économie. Dans le contexte de la sous-région Afrique centrale, l'accroissement par temps de crise des mauvaises créances ne traduit pas forcément un engagement excessif des banques en faveur du financement de l'économie, mais une autre réalité plus fondamentale qui tient en deux points : (1) la dépendance des économies vis-à-vis de secteurs précis et limités, en l'espèce le secteur pétrolier et celui des BTP, ce qui met en lumière le caractère encore restreint de la base économique des pays, (2) la dépendance de la liquidité de l'économie à l'égard de la trésorerie de l'État, notamment en cas de cycle économique défavorable. Ce deuxième aspect de la dépendance devrait susciter une réflexion sur les sources de création de liquidités dans une économie encore en développement et appuyée sur une monoproduction vivace. Il doit aussi faire réfléchir sur la manière de faire coïncider, déjà en volume, les injections de liquidités et les besoins réels de l'économie par les institutions créatrices de monnaie. Il s'agit ni plus ni moins que de stabilisation de l'économie, en permettant au système financier de maintenir, voire de renforcer, ses capacités d'intervention en cas de crise économique. Il est possible, par idéologie ou par mimétisme, de faire autre chose et de rester sur les dogmes théoriques du financement quitte à se détourner de la réalité.

Le deuxième groupe d'acteurs est celui des demandeurs de prêts que ce soient des entreprises, notamment les PME, ou que ce soient les particuliers. Ils sont tout sauf homogènes et cependant sont l'objet de la même perception négative. En effet, ces acteurs sont globalement et au vu des résultats perçus comme non éligibles au financement car inaptes à entreprendre sérieusement une affaire. Il s'agit d'une perception, d'un préjugé probablement non fondé qui les pénalise et fragilise lourdement la machine économique. C'est parce que ce préjugé est prégnant que le taux de rejet des demandes de financement est élevé pour les start-up (entreprises de création récente) dans la région.

À côté de cette grande masse, se trouvent quelques-unes qui sont choisies. Elles sont peu nombreuses mais visiblement mieux nanties au niveau de la notoriété et sur le plan relationnel. L'historicité de leur relation avec la banque, le nom de leur entreprise ou le nom propre du dirigeant et bien d'autres variables qualitatives peuvent susciter plus facilement l'optimisme du banquier.

Donc, on voit bien qu'en dépit de l'existence de procédures consignées et pertinentes, l'octroi de crédit n'est pas toujours le produit d'une science exacte ou bien une décision absolument inattaquable. Il arrive donc au banquier de se tromper en accordant un crédit, comme il lui arrive de faire une erreur en refusant d'accorder un financement. La décision étant basée sur la confiance, on peut supposer à raison que la confiance est extrêmement variable d'un groupe de clients à un autre issu pourtant du même secteur d'activité. Il est difficile pour un demandeur de prêt bancaire de faire a priori la démonstration de sa bonne foi et de la solidité de son projet. Il doit généralement atteindre un seuil qui déclenchera la confiance du banquier. Faut-il encore que ce dernier soit bien disposé. En effet, le crédit met en rapport deux ou plusieurs personnes qui discutent d'un projet donc d'une idée. Au départ, elles y croient ou n'y croient, mais l'idée doit raconter une histoire, projeter un scénario qui donne envie. Tout comme pour un scénario de film, les acteurs connus ont un avantage certain car ils sont appréciés, voire aimés d'avance. Mais pour les primo-acteurs, comme ces illustres inconnus que sont les start-up, qui parmi les prêteurs pendra le risque de leur donner leur chance ? Ainsi, autant la motivation du demandeur de financement et sa foi en son projet doivent être perceptibles, autant la personnalité du banquier et sa propre conviction sont indispensables pour sentir les bons projets, pour prendre les bonnes décisions. Entre le banquier et le demandeur du crédit, l'information ne sera jamais « symétrique » car l'un veut gagner une faveur, en l'espèce un prêt, et l'autre ne veut pas perdre et pour cette raison ne prend aucun risque. À partir de là, toutes les stratégies d'acteurs sont possibles pour trouver l'élément qui fondera la confiance.

Le troisième groupe d'acteurs est celui constitué par l'État et les organismes publics en rapport avec l'économie ou plus exactement avec la question de la mobilisation des ressources dans une économie. Par rapport à la configuration du marché du crédit suivant la vision libérale retenue par de nombreux pays en développement, l'État et ses démembrements arrivent en second plan. Cependant, leur action n'en est pas moins décisive si l'on se donne la peine de comprendre que le financement est une composante du fonctionnement normal de l'économie. Il est difficile de dissocier les questions de financement de la création de richesse dans une économie moderne. Tout comme il apparait difficile d'envisager séparément le niveau de richesse créée et les conditions qui confortent la capacité à créer de la richesse. Un système financier solide dans la durée, avec un ancrage dans la réalité économique, accroit les chances de développement du pays.

Si l'on part de l'idée qu'une économie dans un pays en développement expose plusieurs défis à relever ou encore une multitude de problèmes à résoudre, il faudrait se poser la question de l'apport d'une politique publique en matière de financement. Pendant longtemps, nous nous sommes préoccupés à juste titre dans la zone de l'état du système financier. Mais cela devrait rester une précaution et non l'objectif final car le système financier doit être un instrument au service d'une cause, en l'espèce le développement. Il apparait nécessaire à présent de se préoccuper davantage du rôle du système financier dans une économie en développement.

Dans cette optique, la politique publique de crédit devrait intégrer un certain nombre de préoccupations. Il est du ressort de l'État de s'assurer que le volume de crédit offert par le système financier permet de répondre à la demande émanant de l'économie. D'autres institutions, notamment les superviseurs et auditeurs du secteur, ont pour mission technique, en complément des systèmes internes d'évaluation, de contrôler la qualité individuelle des crédits distribués par les banques. Mais la question du volume de crédit distribué, la question de l'adéquation entre les capacités objectives du système financier et le potentiel de l'économie relèvent de la gouvernance publique. Il revient donc aux responsables publics en charge de l'économie de s'assurer, par l'entremise de tous les instruments à leur portée, que la dynamique du crédit ne fléchisse pas pour alimenter celle de la croissance. Ainsi, contrairement aux idées empruntées, l'État n'est pas un commentateur ou un simple spectateur du crédit. Il doit en être un acteur, certes de l'ombre, mais un acteur décisif qui, à défaut de définir les règles techniques du jeu, offre le terrain, fixe la taille des gradins et amène les foules et autres ingrédients qui font un bon match.

Dans le cadre d'une politique publique de soutien au financement de l'économie, il appartient aux pouvoirs publics de travailler efficacement à réduire les risques qui pèsent sur l'économie en général et sur l'activité de crédit en particulier. À la différence des demandeurs de prêts qui doivent au niveau individuel composer leur dossier de manière à convaincre le banquier, l'État doit pour sa part donner à penser, au banquier installé sur son sol comme aux autres investisseurs potentiels, que l'économie et l'environnement qui le caractérise s'inscrivent dans une dynamique positive. La principale garantie est collective. Elle peut être institutionnelle, mais de préférence économique, en répondant à la question de savoir quelles sont les opportunités offertes par l'économie. Les facilités administratives constituent le niveau basique de cette démarche qui reflète en réalité un fonctionnement normal de l'administration publique. Il s'agit d'aller plus loin, de viser plus haut en réformant l'économie pour en faire un vaste champ d'opportunités. À ce stade, l'action publique doit permettre d'identifier les secteurs à fort potentiel de croissance et les contraintes à surmonter pour conduire ces derniers à l'éclosion. C'est une démarche stratégique qui s'impose à l'analyse de l'économie comme on le ferait pour une entreprise. C'est aussi la faiblesse de l'approche analytique qui ne permet pas de faire émerger des stratégies efficaces et cohérentes. Il faut qu'à tous les niveaux de responsabilité l'on cesse d'être des commentateurs des informations et des chiffres de l'économie. Il faut, pour le développement, les analyser et comprendre ce qu'ils disent de la réalité de chaque secteur de l'économie et agir pour corriger les faiblesses, renforcer les forces perceptibles et solutionner les problèmes visibles ou à anticiper.

Le développement de l'information financière qui est une piste sérieuse pour aborder la question du financement bancaire de l'économie est en réalité une façon parmi tant d'autres de traiter la problématique du sous-financement de l'économie. Cette façon de voir renvoie à l'idée que le sous-financement résulte du déficit de confiance entre les acteurs. Mais cela suscite deux interrogations : la première est de savoir si cette analyse est juste et la seconde est celle de savoir si la correction de l'asymétrie de l'information est une réponse suffisante. Il me semble que les réponses à l'une et l'autre des questions ne sont pas totalement affirmatives. En effet, la véritable question n'est pas de savoir si les informations contenues dans le dossier sont exactes ou fausses, mais plutôt de savoir si le crédit sera remboursé ou pas. Si telle est bien l'essence même de la problématique, alors dans un contexte de pays en développement le risque sera toujours perçu comme un obstacle infini. D'où la nécessité d'avoir une approche en termes de politique publique pour organiser la garantie collective apportée par l'État en vue de financer les acteurs intervenants dans des secteurs prioritaires.

L'enjeu ici est celui de l'inclusion financière qui permet de donner une véritable profondeur aux marchés de capitaux dans leur diversité afin d'assurer, par-delà le discours, le financement effectif des activités économiques.

# Chapitre 2 :

# Le piège des risques économiques extrêmes

Chaque économie génère ses risques. Les risques financiers découlent généralement de l'économie parce que la finance doit refléter l'économie. Le problème aujourd'hui est celui de la financiarisation excessive de l'économie dans les pays avancés, ce qui fait que la finance génère ses propres risques dans la mesure où les décisions, les comportements et les choix d'investissement semblent parfois déconnectés de l'économie réelle. Cet excès provient du développement spectaculaire des marchés financiers qui se traduit par la dématérialisation, la sophistication des processus et finalement par un découplage avec la réalité de l'objet de transactions réalisées.

Dans les pays en développement, on observe un autre excès qui se traduit par une finance dont les ressorts de développement ne sont pas toujours dans l'économie réelle. Une finance qui n'est pas encore suffisamment ancrée dans les marchés financiers et encore moins dans l'économie réelle, mais qui se jauge, se déploie et finalement se vit essentiellement dans sa relation avec les régulateurs.

## 2.1. Les bulles et les crises successives

Lorsque survient la crise de 2007, la réponse de la sous-région a consisté à faire deux choses essentielles : affirmer et démontrer que les banques de la place ne sont pas affectées en raison de l'absence de liens forts avec les marchés financiers internationaux ; et néanmoins mettre en œuvre les réformes conçues pour redresser les systèmes financiers réellement affectés par la crise en raison d'un engagement presque aveugle sur certains produits sur les marchés. On peut donc reconnaitre aux régulateurs locaux le refus de l'isolement au prix d'un arrimage choisi à travers Bâle2 et Bâle 3 pour des banques qui, certes sont vertueuses vis-à-vis de la réglementation mais n'ont pas spécialement d'activités de marchés très développées. Il y a là manifestement le sens de l'anticipation, en demandant aux banques de faire dès à présent des réformes qu'elles devront faire demain en dépit de la composition de leurs bilans aujourd'hui.

Lorsque survient à son tour la crise de 2015-une autre crise de matières premières-qui expose brutalement la fragilité des sources de revenus et donc des performances des économies de la région, nous optons fondamentalement pour une réponse monétaire de type restrictif qui stabilise la monnaie mais ne corrige pas les déséquilibres profonds de l'économie. Les réformes structurelles sont laissées aux États, ce qui apparait normal d'un point de vue conceptuel car il s'agit de politiques budgétaires. Entre les deux sphères, sans doute qu'une reforme forte du système financier était nécessaire pour le rendre plus efficient dans son rôle de jonction entre la monnaie et l'économie réelle, celle des entreprises, des artisans, des ménages et de tous ceux qui désirent entreprendre.

Précisément, lorsqu'il s'agit de reformer, la région a eu tendance à accorder trop d'importance aux aspects théoriques au détriment de la réalité de l'économie. La théorie permet de savoir que d'autres ont déjà réfléchi à la problématique et ont formulé des hypothèses et même soutenu des thèses qui ont été confirmées ou infirmées par la réalité. Mais ces thèses ne sont pas permanentes c'est-à-dire indéfiniment valables dans le temps et quel que soit le contexte économique et social. Il n'en est rien. Le foisonnement des idées donne plutôt à penser que les penseurs et les acteurs de l'économie doivent toujours inventer leur propre modèle, celui qui permet d'agir sur le réel car l'économie n'est pas imaginaire. La théorie offre donc un cadre pour la réflexion, pour structurer la prise de décision, pour avoir un repère et ne pas faire tout et n'importe quoi. Mais, la source véritable, le repère important doit être la réalité. Plus que dans tout autre domaine, il s'agit ici de transformer cette réalité. Il faut donc savoir quels sont les problèmes à résoudre et comment les résoudre. Certes, la théorie peut aider mais lorsqu'il s'agit de sujets nouveaux voire obscurs ou encore des problématiques déjà théorisées mais qui surprennent à nouveau, il faut généralement de l'ingéniosité pour imaginer les solutions. En effet, il faut par les réformes adéquates, imaginer et créer l'économie de son contexte. C'est pourquoi, je pense modestement que la pire corruption qui existe dans les pays en développement, c'est la corruption de l'intelligence, non pas par l'argent mais par la facilité et par le conformisme intellectuel. On apprend par cœur, on répète les mêmes idées, on brandit les mêmes théories et finalement on consacre l'inertie dans l'économie. Or, il faut reformer pour mettre l'économie en mouvement parce que sa nature c'est d'être dynamique.

Les crises arrivent souvent avec l'éclatement des bulles spéculatives. Mais, l'économie se porte bien dans la phase de constitution des bulles qui sont en fait une combinaison entre une forte croissance et un excès de confiance dans cette croissance manifestée par les acteurs du secteur concerné. Les bulles existent dans des domaines porteurs qui font gagner de l'argent et souvent beaucoup à ceux qui y vont. Cette période de liquidité abondante est donc généralement aussi une phase de croissance de l'économie et de prospérité pour les acteurs économiques et sociaux. La crise survient quand, alors que l'argent a trop circulé dans ce secteur, des réflexes tardifs mais réels de prudence apparaissent, sur la base des doutes plus ou moins objectifs. On parle alors d'éclatement de la bulle spéculative, la même qui a entre-temps soutenu la croissance du secteur, parfois du pays tout entier. En examinant de plus près la question des bulles dans une économie, on s'aperçoit que plus un secteur économique présente un réel potentiel, que l'on peut mesurer, quantifier et évaluer, plus facile une bulle pourrait se constituer. Et, à mesure que les comportements, notamment d'achat, dans ce secteur tombent dans l'excès, le marché s'ajuste brutalement à la baisse. C'est la crise !

Il faut traiter la crise. Il faut trouver les moyens de permettre à l'économie de fonctionner et de « repartir » comme on le dit. Il apparait généralement que l'innovation aidant, l'économie repart avec l'émergence d'autres secteurs d'activité plus porteurs. Parfois, les innovations se font dans le même secteur d'activité et avec les mêmes acteurs, notamment ceux qui s'adaptent tout simplement en s'appuyant sur les acquis, l'expertise et les savoirs accumulés grâce à l'expérience. Dans ces conditions, l'économie absorbe mieux les crises qui deviennent en fait des crises de modèle de production ou de commercialisation dans le même secteur d'activité.

Lorsque les innovations basculent d'un secteur d'activité à un autre, l'effort d'adaptation de l'économie peut être plus difficile, plus long et faisant ressentir plus durablement les effets de la crise. C'est vraisemblablement le cas lorsqu'il s'agit de passer d'une économie assise sur la rente pétrolière à une économie basée sur la productivité du secteur agricole, afin de laisser le temps nécessaire à la structuration de la vision stratégique et à l'appropriation effective, à une échelle raisonnable, des techniques efficaces de production agricole.

Toujours est-il que chaque secteur se trouve à un moment ou à un autre dans une situation de bulle. L'activité génère par le dynamisme des acteurs et par leur excès ladite bulle. Au fond, ce secteur génère un flot de liquidités qui maintiennent la croissance de l'économie. C'est ainsi que dans l'imaginaire collectif, lorsque l'argent circule bien dans l'économie, on a le sentiment que l'économie se porte bien. La liquidité de l'économie convainc, sans doute de manière rapide, de la réalité de la prospérité de l'économie et entretient la confiance. La liquidité épargnée dans les institutions créées à cet effet rassure et permet également d'entretenir la confiance en facilitant l'investissement et le circuit économique.

### 2.2 La régulation dans un contexte de multiplication de risques

Ainsi donc, toute politique qui conduit à un assèchement durable de la liquidité dans l'économie, en l'absence de graves problèmes d'inflation, pourrait être mauvaise pour l'économie. Elle pourrait être contreproductive. On parle sérieusement de régulation lorsqu'il est question, de façon modérée et responsable, d'ajuster l'offre de liquidités dans l'économie pour tenter de préserver le pouvoir d'achat à travers la limitation de l'offre de liquidités ou pour encourager le crédit bancaire par la hausse des injections. Il s'agit aussi de veiller en permanence à ce que la liquidité générale de l'économie préserve le système productif au sein duquel se règle à la fois le problème de l'emploi et celui du pouvoir d'achat dans la société. Au-delà des postures idéologiques, on pourrait raisonnablement clamer qu'une bonne politique de lutte contre l'inflation est celle qui contribue à préserver la valeur de la monnaie sans sacrifier durablement le soutien à la croissance c'est-à-dire à la production.

Cependant, lorsqu'une économie accepte de rester longtemps dans une situation figée de crédit à l'économie très bas, elle se condamne à la contreperformance durable. Ceci est si vrai que pour sauver l'économie en 2008, nombre de pays avancés ont injecté, par instinct de survie et en dehors de tout cadre conceptuel reconnu, de la liquidité dans les institutions financières pour maintenir active la machine du crédit. Si la confiance est à la base de l'activité financière, l'offre de crédit est ce qui matérialise le mieux cette confiance. De la même manière qu'une équipe sportive accroit nettement ses performances lorsqu'elle trouve un sponsor ou un mécène financier, solide et motivé, les acteurs et les secteurs de l'économie à fort potentiel s'épanouissent dès lors qu'ils reçoivent les financements adéquats. En somme, c'est véritablement le crédit qui alimente l'économie !

Pour préciser mon propos sur la supervision des risques, je dirai qu'il conviendrait d'arrêter d'ajouter indéfiniment la réglementation à la réglementation. Dans la nouvelle approche de la réglementation, deux éléments structurants mériteraient d'être pris en compte : la tendance de fond de l'économie et la crédibilité de chaque réforme dans le secteur financier.

En ce qui concerne la tendance générale de l'économie dans le monde et dans la région, l'heure est au libéralisme c'est-à-dire à l'émergence des marchés. La notion de marché renvoie à la rencontre entre l'offre et la demande. Cette réalité doit orienter la réglementation. Dans les pays où les marchés sont réellement efficients, la réglementation peut se permettre de se préoccuper exclusivement des risques. Cependant, dans un contexte de pays en développement, la réglementation doit réellement réguler le marché en encourageant aussi bien l'offre que la demande de services financiers. En effet, dans un système financier où l'offre de financement est faible, tout comme l'est la demande dans une moindre mesure, la réglementation doit être incitative. Telle a été le cas dans les pays aujourd'hui avancés lorsque leurs systèmes financiers se trouvaient dans la même phase que celle dans laquelle sont actuellement les systèmes des pays en développement. Cette réalité a prévalu y compris dans les pays les plus libéraux, sous le vocable de « l'encadrement ».

En effet, dans un marché qui n'est pas efficient en raison de l'existence de nombreuses rigidités ou distorsions, la réglementation doit contribuer à la recherche du prix optimal. En l'espèce, il ne s'agit pas d'administrer les prix, mais plutôt de rehausser significativement le volume de l'offre pour assister à un début de correction à la baisse des prix. De même que les prix eux-mêmes doivent être encadrés par les bornes. Une réglementation perçue comme trop répressive, quel que soit le pays considéré, fige les positions des acteurs et même pourrait les dégrader sur le marché du financement. En outre, qui dit libéralisation, dit en principe moins de réglementation sauf s'il s'agit d'apporter davantage de protection au public consommateur du service. La réglementation actuelle de l'activité des services financiers est fondée sur l'idée cardinale de maitrise du risque systémique et surtout de protéger les dépôts. Dans la mesure où des mécanismes nouveaux ont été mis en place pour garantir les dépôts, l'option de la répression exemplaire et inévitablement sans nuance dans certains cas de mauvaise décision de crédit devrait être relativisée. Les mécanismes collectifs de garantie doivent être renforcés. La réglementation devrait bien entendu continuer à accorder son attention au poids des crédits improductifs, mais sans remettre en cause la trajectoire d'un accroissement permanent du volume de crédits distribués. Il faut réprimer les comportements réellement dangereux pour la stabilité financière, sans étouffer l'émergence d'une industrie financière absolument nécessaire dans la région.

Le second élément à considérer en rapport avec la réglementation est le sens à donner à la réforme. Dans le secteur des services financiers, souvent on reforme pour crédibiliser davantage. C'est une intention louable, mais la crédibilisation doit avoir un but. Elle doit participer au renforcement de l'activité par l'amélioration de la confiance entre les acteurs financiers, sur les marchés locaux et dans leurs interventions sur les marchés internationaux. Pour conforter cette approche, il faut de temps en temps en évaluer les résultats au travers de la progression ou non des composantes de l'activité de financement au niveau local. De tout temps, chez nous, on a réformé le système financier pour obtenir un supplément de crédibilité à travers l'adoption des normes internationales du moment. Le problème est que le moment dans la réglementation n'est pas anodin car le moment de la finance doit être en phase avec le temps de l'économie. Or, à ce sujet, le découplage est de plus en plus perceptible au risque de déboucher sur une crise inédite, celle d'un alignement normatif sans ancrage local, avec un risque de désarticulation et d'approfondissement du sous-développement. Au risque de sombrer dans l'incapacité durable à avancer, nous devons dans la région trouver une réponse à la question fondamentale de la cohérence entre toutes les réformes financières. Je parle ici de réformes financières et pas spécialement de réformes monétaires.

Enfin, il arrive que de manière inattendue et en dehors des mécanismes financiers, des risques apparaissent avec un impact considérable sur l'économie. C'est le cas de la crise économique apparue au début de l'année 2020 à la suite de la pandémie mondiale liée au CORONAVIRUS, avec son lot impressionnant de remises en cause de dogmes économiques et de nouvelles incertitudes.

La mondialisation de l'économie a réellement créé un village planétaire. Avec une interdépendance des circuits de production des articles manufacturés et des flux financiers qui en découlent ou qui se baladent entre places suivant une logique purement financière. La mondialisation est bien évidemment une réalité. Elle est entrée dans les habitudes de vie avec les mouvements quasi-quotidiens des individus qui parcourent le monde en raison notamment de leur travail. Cette réalité qui, dans une conjoncture économique favorable, stimule les échanges économiques dans le monde, se révèle être également un champ permanent de bouleversements économiques et sociaux et un accélérateur dans la diffusion des crises.

De la province chinoise du Wuhan (selon les informations fournies par la presse) à l'ensemble de la planète, l’épidémie à Coronavirus s’est mondialisée en l’espace de trois mois. La mise sous tension des systèmes de santé, y compris dans les pays industrialisés, et des moyens humains, matériels et financiers que requiert la riposte de chaque pays face au risque sanitaire, a débouché sur une urgence aussi bien sanitaire qu’économique. L’urgence économique étant singulièrement amplifiée par la mise à l’arrêt des pans entiers de l’économie mondiale et de la vie sociale à travers le confinement à domicile des populations. Le pis-aller que constitue le service minimum assuré tant bien que mal ici et là a permis la continuité du service dans des secteurs vitaux mais n’a trompé nullement sur la gravité de la crise née de l’inactivité choisie.

Du risque sanitaire au choc économique mondial, la transmission a été rapide. Et la gestion économique de ce nouveau risque extrême est particulièrement instructive, en ce sens qu’elle semble établir une autre hiérarchisation des valeurs qui doivent gouverner l’action économique. L’avenir nous en dira davantage, mais l’urgence économique et l’instinct de survie qu’elle alimente ont conduit à une mise à l’écart de plusieurs dogmes présentés comme immuables par la science économique ou plus exactement par les théories dominantes. Le bien-être de l’être humain semble redevenir, le temps de cette crise, l’enjeu ultime des politiques économiques et sociales.

La surveillance macroprudentielle intègre désormais un aspect sanitaire qui vraisemblablement devrait s’étendre à tous les autres secteurs de la vie sociale. Cela confirme aussi que, plus que jamais, les performances économiques résultent des politiques économiques elles-mêmes mais aussi de tous les choix de politique publique dans les autres sphères de la société.

# Chapitre 3 :

# Du développement au développement durable

Le capitalisme a permis aux sociétés humaines de connaitre le progrès. Il est à la base de l'essor industriel des pays considérés aujourd'hui comme avancés au regard du saut qualitatif constaté dans beaucoup de domaines. Il explique également l'élan pris par les pays considérés au siècle dernier comme sous-développés et qui de nos jours affichent une prospérité visible sous l'appellation de l'émergence. Qu'il soit fortement encouragé par l'État comme à ses débuts ou qu'il soit concentré entre les mains de particuliers ou de groupes d'individus plus tard, le capitalisme a vraisemblablement donné une impulsion décisive à l'économie.

## 3.1. Du capitalisme initial au capitalisme financier

De tout temps, le capitalisme intègre deux impératifs : la création de richesses afin de maximiser le profit des propriétaires et, accessoirement, la répartition de la valeur créée entre les différents participants au processus de création encore appelés les parties prenantes. Si le capitalisme sait créer ou accroitre dans un processus de perfectionnement continu sa capacité de création de biens et services, la redistribution n'est pas à proprement parler inscrite dans ses gènes. C'est pourquoi cette dimension découle généralement des effets de la régulation prise en charge par une autorité supérieure à la sphère de production. Il s'agit de l'État ou bien d'une instance de régulation créée à cet effet.

De nos jours, le capitalisme financier a pris le pas sur le capitalisme industriel. Créer des richesses dans la sphère réelle de l'économie semble être plus risqué parce que plus long et plus aléatoire au regard de la complexité des processus que cela requiert. La montée des risques est propice à tous les désordres. L'État qui en principe doit incarner la sureté pour construire un cadre économique rassurant est désormais voué à porter, selon diverses notations, insidieusement le premier de tous les risques, à savoir le risque souverain. C'est un grand malheur économique pour des pays encore fragiles, avec un État en construction, et une cohésion sociale insuffisante en raison d'un nombre trop important de mauvais clivages dans la société. Dans les pays avancés, le capitalisme trouve matière à se déployer ailleurs que là où il pourrait être le plus productif en passant de l'économie à la finance. Certes, il continue à créer des richesses, mais ce ne sont plus les mêmes richesses. Des richesses financières s'ajoutent aux richesses financières au gré des mouvements de marchés, sans forcément avoir de traduction palpable dans le réel. Au gré des tendances du marché financier, on peut s'enrichir rapidement comme on peut s'appauvrir soudainement, dans une richesse devenue presque illusoire et dopée ou taillée par des informations de plus en plus marquées par l'émotion. En effet, dans la mesure où la transparence financière, exigence nécessaire pour renforcer la responsabilité de chacun, a rendu les acteurs des marchés financiers hypersensibles malgré le rythme d'innovation sur les instruments de couverture, la peur de perdre semble déterminer davantage les comportements que les autres paramètres.

### 3.2. De l'équilibre des capitaux (facteurs de production) au développement durable

Le facteur humain a utilement accompagné le capital financier dans le processus de création de richesses. De simple force de travail, il a été progressivement reconnu et valorisé au gré des avancées sociales dans chaque pays. Cette nouvelle place du facteur humain est depuis consacrée par les théories modernes du management des entreprises. En effet, en concevant l'entreprise sous un angle plus cohérent y compris en ce qui concerne les aspirations des différents acteurs pour lui donner un fonctionnement plus organique que mécaniste, les nouvelles théories de l'entreprise posent les jalons d'un capitalisme plus humain, de visage et de corps.

La nécessité d'établir un équilibre réussi entre le facteur capital et le facteur humain a produit dans l'histoire de la théorie économique et/ou politique plusieurs idées. Les plus radicales dans l'humanisation des processus de production économique ont suggéré la suppression pure et simple de la propriété du capital. C'est la voie du communisme dans l'économie. Le communisme fût une utopie sans doute inspirée d'une révolte face à l'ordre établi dans l'économie pour tenter de guérir par une forme de radicalité philosophique les souffrances sociales. Il fût aussi sur le champ de l'économie politique un rappel sincère mais souvent violent de ce que devrait être la dignité humaine en société. Il voulait établir dans l'entreprise une égalité parfaite entre les facteurs de production, avec une préférence pour le facteur humain sur le capital. Cependant, la valeur de ces deux facteurs irrémédiablement associés dans la production n'étant pas égale ni dans la culture ni dans les faits, cette vision a échoué à donner durablement à la société les biens et services utiles à son épanouissement. Le cours de l'histoire ayant montré la persistance d'un rapport inégal entre le facteur travail et le capital, il s'est posé la nécessité d'une régulation en vue de préserver l'efficacité de la production. La régulation apparait donc comme cette force au-dessus des intérêts particuliers dans la phase de production des biens et au-dessus des forces du marché dans la phase de consommation, afin de s'assurer de la prise en compte de l'intérêt général. Cependant, à partir de quels indicateurs peut-on valider l'efficience d'un marché ou encore le caractère juste du surplus qu'il dégage, pour les acteurs et pour la société ?

En ce domaine, chaque époque génère ses valeurs, généralement sur une période décennale, pour tenter de répondre à la même question de l'équilibre des forces dans la production et sur les marchés. Tantôt on célèbre l'opulence et les paillettes comme ce fut le cas dans les années 80, pour mieux magnifier le capital. De fait, on valide les inégalités de situations et de revenus qui découlent des rapports économiques en entreprise. Tantôt en fonction du génie individuel, comme ce fut le cas avec la reconnaissance des pionniers de l'informatique de masse dans la décennie 90 et de la révolution des nouvelles technologies de l'information dans la décennie 2000, on magnifie le capital humain. Après la crise de 2008, le capitalisme s'est voulu plus sobre et les écarts de rémunération dans les entreprises, notamment du CAC 40, sont devenus un sujet sérieux de préoccupation collective. Ainsi, on cultive la prudence voire même l'humilité, sans toutefois proclamer l'égalité entre le capital et le travail et encore moins la prédominance du capital. C'est l'avènement d'une ère de raison, du moins dans l'affichage. Les « maestro » du monde de l'entreprise apparaissent a priori suspects, tant en ce qui concerne leurs revenus que s'agissant de l'étendue de leur véritable talent. D'où le foisonnement d'outils sur la mesure de la performance pour tenter de justifier la valeur intrinsèque de l'entreprise, de la production et de l'apport de chaque facteur. Les uns exigent plus de régulation sans rompre les équilibres qui permettent la création de richesse ; et les autres priorisent l'harmonie sociale dans l'égalité, à travers des législations de plus en plus restrictives sur le plan des avantages sociaux des responsables.

Aujourd'hui, les doutes sur le bien-être collectif dans les décennies à venir conduisent à s'interroger non seulement sur la capacité du capitalisme à maintenir durablement le rythme de création de richesses, mais aussi sur la pertinence même de ce processus. Ainsi, sous l'impulsion des mouvements écologistes, le monde semble prendre conscience de l'impasse qui se dessine à l'horizon du fait de la dégradation de l'environnement. Certes, il y a des nuances voire même des divergences fondamentales entre les différentes écoles de pensée, mais la réflexion a conduit à faire émerger la notion de capital naturel. Il s'agit d'un nouveau facteur à prendre en compte dans le processus de production économique. Ce nouveau facteur, qui vient apaiser la dualité entre le capital et le travail, ouvre un horizon passablement acceptable car fait de compromis entre la peur de l'effacement collectif et la préservation des acquis de bien-être par des mécanismes de production ajustés.

L'approche contemporaine du problème laisse apparaitre la nécessité de prendre en compte désormais trois types de facteurs dans la production : le capital financier, le capital humain et le capital naturel. Jusqu'à présent, le capitalisme a accordé, souvent de manière exclusive, la priorité au capital financier dans la valorisation de la création de richesses. La comptabilité se structure autour de cette valorisation. Les fonds propres, tout comme le résultat généré par l'activité sous forme de profit, sont la propriété des actionnaires. Les externalités positives comme les externalités négatives sur la société et particulièrement sur l'environnement lorsqu'il s'agit d'activités industrielles ne sont pas prises en compte. De même que l'apport du capital humain mériterait une valorisation plus importante que la simple rétribution sous forme de salaire. C'est la nouvelle vision des processus de production des biens et services, qui concerne l'économie mais avec un impact qui se veut plus global sur la conception de la vie en société.

Tout comme le communisme en son temps, la nouvelle vision de la production court après sa propre utopie qui est celle de la combinaison à la fois optimale et harmonieuse des facteurs de production.

La finance étant au service de l'économie qui elle-même se nourrit de la vision majoritaire des composantes de la société face à la survie matérielle et à la projection des avenirs souhaités, quels enjeux recèle cette nouvelle vision structurante, dans la stratégie de développement des pays faibles en termes de production industrielle ? Quels profits peuvent en sortir pour le développement des pays à faible revenus ?

### 3.3. L'apport spécial du capital humain dans la vision du développement

Il faut tout d'abord rappeler que l'économie fonctionne aussi sur la base de conventions. En effet, l'économie dépend en grande partie des décisions prises par les Hommes dans une société. Il en est ainsi de la valeur accordée aux biens et services. L'analyse communément admise en économie veut que la valeur d'un bien ou d'un service résulte de la confrontation de l'offre et de la demande. D'où la propension devenue presque naturelle à aller sur le marché ou à faire émerger le marché pour trouver le prix des choses c'est-à-dire la valeur qui s'y attache pour tous. C'est parce que ce que l'on souhaite vendre trouve preneur en face que le bien ou le service prend une valeur. Si on est seul à proposer ce bien, sa valeur aura tendance à monter. En revanche si le nombre de vendeurs s'accroît, sans changement du côté des acheteurs, la valeur c'est-à-dire le prix aura tendance à baisser. Ainsi, l'existence du marché permet d'organiser la vie économique. Quelle que soit l'ingéniosité d'une création, sa reconnaissance en économie et donc sa valeur passera par le marché. C'est un marqueur de la philosophie du libéralisme économique !

De cette analyse, doit découler la volonté, en termes de politiques publiques, d'organiser et de donner vie à chaque marché pour créer davantage de richesses. Sans marchés, les plus talentueux dans la production de telle ou telle chose (par exemple une œuvre d'art) n'auront jamais la contrepartie financière à leur création. En l'absence de marchés, les plus rusés s'attribueront également un surplus excessif au détriment de ceux des acheteurs qui n'ont pas le choix. Il y a dans l'approche de l'économie par les marchés la notion de choix qui est synonyme de liberté et la notion de valeur qui conduirait à l'enrichissement du vendeur c'est-à-dire celui qui encaisse ; de l'acheteur qui paye au bon prix et de l'État qui sait ce qui se passe et donc peut prélever quelque chose au passage. La convention traduit également l'idée que chacun achète ce qu'il veut acheter, soit parce que cela lui est nécessaire soit que cela lui procure une certaine forme de satisfaction au-delà de la nécessité. Si vos yeux et votre intellect accordent de la valeur à un bien ou à un service, ce dernier deviendra un besoin à satisfaire et vous aurez probablement envie de l'acheter. Et si, hélas vos besoins ou vos désirs vous attirent vers les biens qui dépassent votre pouvoir d'achat, le raisonnement rationnel conduirait à s'abstenir. Mais, si on se le procure quand même, il y a de fortes chances que ce soit par un processus très difficile. Ramené à l'échelle d'un pays en développement, les consommations, par ses populations, de biens qui n'existent pas sur son territoire parce que son industrie ne les produit pas sera toujours une source d'appauvrissement collectif. Or la production, notamment à l'échelle industrielle, ne se peut sans une finance clairvoyante sur sa mission.

Pour revenir à la notion de capital naturel mise en exergue par la problématique du développement durable, l'enjeu pour la finance commence par la bonne compréhension des opportunités qu'elle recèle. Le capital naturel aurait donc vocation à exister et à avoir de la valeur de manière autonome par rapport à la production ; il aurait aussi vocation à s'insérer moyennant beaucoup de précautions dans les processus de production ; il est un actif à la fois circonscrit dans un pays et un bien collectif détenu presque en indivision avec le reste du monde. C'est le cas par exemple du capital naturel « du bassin du Congo » en Afrique centrale. En effet, ce capital fait l'objet d'une démarche économique, intellectuelle et diplomatique pour affirmer son caractère précieux, exceptionnel et unique sur le plan du combat mondial pour le développement durable. Pour employer un langage financier, le bassin du Congo est un actif de très grande valeur. C'est l'une des solutions indispensables pour la survie de l'humanité sur la planète Terre, au stade actuel des connaissances sur le sujet.

Or la richesse naturelle est propre à un territoire. Du point de vue du calcul économique, un pays ou un territoire possédant un capital d'une telle valeur devrait pouvoir le valoriser en termes de richesses créées. Les passifs financiers notamment devraient être mis en face des actifs connus et à valoriser. Les pays de cet espace géographique ont la légitimité juridique, intellectuelle et économique de valoriser leur patrimoine sur le « marché mondial ». Ce droit semble reconnu par la communauté internationale. Le second aspect à considérer c'est la traduction économique de ce droit dans la comptabilité nationale des pays concernés. Il s'agirait de manière concrète d'estimer et de comptabiliser sous une forme financière ce droit.

Puisque le présent ouvrage porte sur les enjeux bancaires en Afrique centrale, il y a là certainement matière à travailler pour produire les outils techniques et financiers nécessaires à cette valorisation. L'innovation financière actuelle est à même de fournir les moyens de cette opération de financiarisation sous des formes multiples de ce capital naturel. L'objectif est de soutenir les efforts des pays concernés dans leur démarche de conservation de la nature. Il s'agit également d'anticiper leurs contraintes budgétaires pour mettre à l'abri les « forêts de l'humanité ». Ainsi donc, le monde donnerait un contenu plus concret à l'économie durable dans cet espace, en même temps qu'il reconnaitrait que le potentiel naturel du pays en termes de ressources naturelles susceptibles de faire face aux défis écologiques à venir, demeure très grand.

On ne peut parler de développement durable sans parler de capital humain. Il est établi depuis fort longtemps que le capital humain constitue un facteur important dans le processus de création de richesses par les entreprises. Des économistes ont théorisé sur la place du facteur humain dans la production. On retient pour l'essentiel que c'est de la combinaison optimale du facteur capital et du facteur travail donc de l'humain que se crée les richesses dans les unités de production économique. L'analyse contemporaine sur la place de l'être humain dans le capitalisme portée par les courants écologistes, reconnait l'idée d'une combinaison de facteurs. Elle invite aussi à rehausser la place du facteur humain, dans une quête perpétuelle d'un équilibre qui en réalité dépasse la sphère de production des biens.

Dans cette approche, ce facteur devient lui-même le véritable capital. Il se pose cependant la question de sa valorisation dans des cultures qui globalement refusent l'idée d'une marchandisation de l'humain. En effet, comment financiariser le capital humain au-delà du salaire et au-delà du capital financier quand les croyances et les philosophies les plus ancrées donnent à l'être humain une valeur supérieure à la production et à l'économie elle-même ? La théorie financière doit être particulièrement prolixe pour générer des idées qui permettront d'une part, aux salariés de participer également au partage des bénéfices au même titre que les actionnaires et, d'autre part, de compenser si possible les dégâts causés à l'environnement par les activités de l'entreprise, grâce notamment à la technique de la comptabilité environnementale, sans perdre de vue les bénéfices attendus sur les actifs du capital naturel.

À l'intérieur des entreprises et dans les pays avancés, l'enjeu est à la fois celui de la protection de la santé des salariés, de leur épanouissement et surtout de leur accès à la richesse que leurs efforts ont contribué à créer, avec le capital des actionnaires. L'enjeu de société est donc celui de redéfinir les contours de la propriété et de revoir fondamentalement la place accordée aux salariés dans l'entreprise en tant qu'instrument du capitalisme.

Dans les pays en développement de l'Afrique centrale, hormis le cas spécifique du « bassin du Congo » et des autres richesses naturelles, le capital humain équivaut souvent au bien-être dans l'imaginaire collectif. La production de richesses par les entreprises privées n'ayant pas encore atteint un seuil significatif pour poser sérieusement le problème de la répartition des gains, le débat se pose en d'autres termes. Il emprunte les canaux de l'analyse de la richesse de l'État ou les structures qui en découlent. Ainsi, le débat sur le capital naturel dévie généralement vers la demande d'ajustement de la gouvernance étatique lorsque des écarts sont constatés. En soi, cette démarche qui émane généralement de l'extérieur, constitue une alerte, à condition toutefois de régler le problème de sa légitimité et de l'utilisation des bénéfices de son action.

Dans un contexte de pays en développement, le débat sur la place du capital humain peut être posé différemment. Il y a d'abord et avant tout l'évidence de la santé et de la formation pour préparer les populations au bien-être et à l'insertion sociale. En effet, la formation augmente les chances de trouver un travail. Elle permet aussi de comprendre la marche de la société moderne et peut-être du monde. Elle peut donc élever l'esprit et réduire les risques d'affrontements « idiots ». Simplement, il appartient au pays, au niveau de l'État de débattre du contenu et donc de l'orientation de la formation, sans oublier la nécessaire liberté de choix pour ceux qui apprennent. Dans le sillage des indépendances, l'école a formé des administrateurs civils et militaires, les enseignants… pour gérer la société en fait pour administrer l'État. De plus en plus, il apparait important de former les entrepreneurs, les ouvriers qualifiés et bien d'autres catégories pour maitriser les pans nécessaires au développement de l'économie nationale.

La prise en compte du capital humain à travers la santé a connu des fortunes diverses, mais avec la volonté d'éradiquer la mortalité infantile par la vaccination de masse et de prendre en charge, avec les moyens plutôt limités, les épidémies survenues. Cette politique est globalement en bonne voie. Mais comme pour tout pays en développement, les aléas de la conjoncture économique et leurs conséquences budgétaires limitent sa portée. L'accompagnement de ces enjeux capitaux par la finance constitue un véritable défi, au regard des critères d'engagement habituels des banques.

Aujourd'hui, en phase avec les nouveaux enjeux liés aux facteurs de production de richesse dans les pays, la question du rôle du capital humain, particulièrement en Afrique centrale, appelle à un approfondissement de l'analyse, au-delà des enjeux de santé et de formation. Il s'agit maintenant de voir comment traduire en capacité de création de richesses le capital humain en le transformant sans le dévaloriser et en le valorisant pour le hisser au même niveau voire au-delà des facteurs capital et naturel sans le réduire à une marchandise.

# Chapitre 4 :

## Un regard sur l'économie mondiale, de la perception à la réalité

Les tendances de l'économie mondiale sont rarement spontanées. Il s'agit bien souvent d'une projection à partir de faits, d'événements socio-politiques ou de données réelles qui affectent l'environnement. Les tendances découlent des analyses ou des interprétations qu'on en fait. Les réactions plus ou moins rationnelles face aux tendances observées conduisent à les ralentir, à les inverser ou à les conforter. Ces évolutions peuvent aussi se dessiner à partir de mouvements relativement autonomes par rapport aux pouvoirs publics à travers un enchainement mécanique de causes à effets. Et selon que l'on prête à l'économie une capacité de rebond ou aux acteurs une capacité d'avoir des anticipations plus ou moins rationnelles de l'avenir, la tendance peut converger ou non vers les attentes. Les rapports établis dans le commerce international et les options ultimes de la gouvernance mondiale constituent également une source précieuse d'analyse des tendances économiques. Qu'elles résultent de la simple observation des faits ou au contraire d'une modélisation sophistiquée d'une réalité quelconque, les projections de l'économie mondiale ont été une source inépuisable pour les décisions économiques. Au regard des résultats, les lectures des tendances se sont avérées tantôt pertinentes et tantôt un peu moins. Il serait possible d'énumérer les nombreux biais qui pourraient expliquer ce phénomène.

### 4.1. La perception de l'économie se nourrit de plusieurs opinions

Pour le banquier qui scrute l'horizon économique en vue de comprendre la conjoncture et la tendance qu'elle dessine sur le moyen terme, l'exercice n'est pas toujours aisé et conduit à des résultats parfois mitigés. À y regarder de près, il me semble que de manière assez régulière ou au contraire de façon plus abrupte, des analyses approfondies se mêlent aux simples opinions dans tel ou tel secteur d'activité. Elles finissent par s'imposer au plus grand nombre. Ces opinions créent des convictions qui débouchent sur des comportements économiques de consommation, d'investissement ou d'attentisme. Manifestement, il y a des faiseurs d'opinions avec des techniques, une organisation, des outils et des discours bien structurés qui font la doxa et qui inévitablement conditionnent l'opinion générale. Il n'est nullement question ici de vérités préfabriquées ou de complotisme. Il s'agit plutôt d'affirmer qu'en matière d'analyse de la conjoncture économique, les avis les plus convaincants s'alimentent et se construisent également de simples perceptions.

Dans le discours économique tel qu'on l'observe dans les pays avancés, il y a une répartition des rôles entre plusieurs acteurs dans le but de faire converger l'économie vers les buts sociaux et politiques. Le discours politique s'occupe du cadre général et des objectifs de la politique économique, tandis que les entrepreneurs et producteurs, les journalistes économiques et tous les autres acteurs de l'ombre entretiennent le contenu du message. L'objectif est de drainer l'action afin d'en renforcer l'efficacité. De la même manière qu'il y a des ouvriers dans une usine, la conjoncture économique a aussi ses ouvriers pour dire, redire et faire faire. Ainsi, la tendance de l'économie pourrait apparaitre comme une affaire de choix. Dans ce cadre, il apparait que le patriotisme est le principal ingrédient pour créer de la confiance et diffuser un état d'esprit, en ce qui concerne le discours économique dans la société. Les acteurs du monde de l'entreprise se servent de leur optimisme pour atteindre le même objectif. Les experts du monde académique quant à eux profitent des débats pour prescrire leur science, en fonction des satisfactions ou même des inquiétudes que suscite l'analyse de la situation économique. Cette diversité d'expressions, appuyée par des chiffres plutôt fiables, contribue à faire l'opinion. Et c'est cette même opinion qui en partie détermine les comportements dans le domaine économique y compris en matière de financement.

On peut donc dire que dans la lecture de l'économie mondiale, comme probablement dans celle de l'économie d'un pays donné, il s'agit en somme d'une question de perception des performances objectives doublée d'une part d'imaginaire et de volonté. L'imaginaire c'est l'élément subjectif qui permet d'y croire, de dépasser le risque ou le pessimisme et de se projeter dans l'avenir. C'est probablement pour cela que l'idée même de la recherche de la croissance conditionne et structure efficacement les politiques économiques. Elle perdure probablement parce qu'elle traduit aussi la confiance dans l'avenir. Un avenir que l'on voudrait plus engageant parce que tout simplement meilleur qu'aujourd'hui. C'est encore une affaire de perception.

Ce sont donc les ingrédients de cette opinion qu'il faudrait mieux appréhender par une discussion rationnelle, pour mieux fiabiliser par une statistique plus robuste dans sa construction et populariser pour en faire des éléments de décision. Il s'agit aussi à travers ce travail de défendre auprès de l'opinion nationale où à l'endroit des partenaires étrangers catalyseurs de financements, la pertinence des décisions annoncées et des programmes économiques auxquels elles se rattachent.

Pour un pays, ce travail n'a pas à avoir seulement avec l'économie. Il est le résultat d'une prise de conscience de la place que l'on souhaite voir son pays occuper dans les statistiques économiques mondiales. Il en découle aussi une projection sur le niveau de vie et de l'environnement général dans le pays. En termes de gestion d'entreprise, on appellerait cela la vision stratégique et sur le plan politique on parlerait plus volontiers de « l'idéal ». Il semblerait donc qu'avoir un idéal aiderait à mieux structurer sa perception de l'économie et de ses phases d'oscillations. Il faut simplement encore se demander s'il existe des faits, des circonstances ou des moments propices au déclenchement de cette prise de conscience. Les doutes que des populations de pays développés nourrissent de temps en temps sur leur avenir ou celui de leurs enfants témoignent de l'idée que l'optimisme n'est pas définitivement acquis, en dépit des conditions matérielles générales. Ils indiquent aussi et peut-être plus sûrement l'idée que la quête pour une meilleure qualité de vie est permanente. Le renoncement et la résignation, plus souvent perceptibles dans les populations des pays en développement quant à la capacité de projection, en sont peut-être les faiblesses les plus inquiétantes pour la formation d'une opinion économique stable. Le développement a beaucoup à avoir avec la confiance. Et le bien-être et le bonheur se confondent souvent avec le progrès social. Le fonctionnement de la finance a ainsi beaucoup à avoir avec les choix en ce domaine.

L'économie se fait aussi avec des annonces qui empruntent beaucoup aux techniques de la communication. Certes, il faut au départ quelque chose, des faits ou des décisions à annoncer. Mais la réussite de l'exercice ne dépend pas forcément de la qualité des décisions ou des chiffres que l'on avance devant les journalistes censés faire le relais avec l'opinion publique. Elle tient plutôt à la manière dont le message est perçu. L'efficacité de l'exercice dépend en effet également de la façon dont le message délivré permet de se projeter dans l'avenir. C'est ce qui explique parfois le clair-obscur des prises de parole des responsables en charge des domaines sensibles de l'économie.

Il n'est nullement question de s'inscrire dans le registre de l'incantation, bien que cela puisse parfois servir pour galvaniser en période de crise. Il s'agit de rester mesuré dans l'expression pour insuffler l'optimisme aux acteurs de l'économie afin d'inciter par exemple à l'investissement. Les investisseurs lisent les journaux, regardent la télévision, visitent internet et discutent dans leurs réseaux relationnels pour s'informer et pour fonder leur opinion. Il est donc important que l'ambiance générale donne envie de faire confiance à l'entreprise présentée ou même de croire dans l'avenir d'un pays.

La construction de l'opinion dans un monde qui doute apparait difficile. Cependant, cette tâche s'impose à tout gouvernant à la tête d'une société qu'elle soit privée ou publique. Les informations bonnes s'entrechoquent avec les informations négatives qui de nos jours se fabriquent à profusion. On peut aujourd'hui sans exagération parler de guerre médiatique. L'inégalité de force de frappe, qui est en fait une inégalité de puissance financière entre les entreprises ou entre les pays, fixe souvent de manière efficace le rapport de force, à l'instar de ce qui se voit dans les autres domaines de la confrontation au niveau national ou mondial. De la sorte, chacun avec ses moyens de tous ordres fabrique une représentation donc une opinion.

Prendre conscience de cette bataille c'est en comprendre les règles du jeu dont le principe renvoie presque toujours à une forme de dualité. C'est l'affrontement symbolique, par le discours et de plus en plus par l'image, d'une entreprise ou d'un groupe d'entreprises contre les concurrents ; d'un pays ou d'une communauté de pays contre d'autres..., etc. Dès lors, il semble tout aussi important de porter son attention sur la source que sur l'information elle-même, dans la mesure où les enjeux, les rôles et les stratégies ont tendance à se démultiplier. Ainsi donc, on ne bâtit pas une entreprise ou une économie prospère sans maitriser les éléments qui concourent à fabriquer l'opinion, la sienne et celle des autres, sur cette même économie.

### 4.2. Les pays en développement doivent apprendre à nourrir l'opinion autant qu'ils construisent leurs économies

Pour revenir à la perception de la conjoncture économique dans un pays, je dirai que tout compte fait, c'est autant une affaire de chiffres que de croyance ! Ainsi, face aux mêmes indicateurs négatifs sur les performances économiques d'un pays, c'est la confiance dans sa capacité de rebond ou la lecture optimiste que l'on peut faire des potentialités existantes, naturelles, humaines qui crée la confiance. C'est une construction sur la propension à la créativité et sur ses forces. Cette situation fait dire que l'attachement de quelque manière que ce soit à un pays ou à un territoire est l'élément supplémentaire qui fonde la décision d'investir ou non. En cela, la confiance en matière économique peut aussi tout simplement relever du domaine affectif.

Cependant, qu'est-ce qui fait que, entre les pays avancés et les pays en développement, les uns y croient et que les autres non ? Qu'est-ce qui fait que l'opinion générale soit portée vers l'optimisme ou vers le renoncement ? La science nous a appris depuis longtemps que ni la couleur de la peau ni la géographie n'impliquait un quelconque déterminisme face à la prise en mains de son avenir. Est-ce la façon d'appréhender les problèmes ? Est-ce la manière de conjuguer la résolution des problèmes avec le temps ou tout simplement de trouver dans les actions quotidiennes la façon de ne pas perdre du temps ? Justement, la perte de temps, parlons-en car elle semble pour nous un problème fondamental !

En effet, la perte de temps figure en bonne place au nombre des faiblesses qui handicapent le processus de développement de nombre de nos pays. Elle se traduit par un empressement à se saisir des sujets sans lien direct avec la réalité quotidienne. L'élite débat beaucoup sur des sujets intelligents, des sujets universels. C'est heureux ! Sauf qu'à force de rester dans la posture de la démonstration théorique de sa valeur intellectuelle aux yeux de la communauté scientifique mondiale, notre élite, quoique féconde sur le plan des idées, ne reste pas moins faible dans sa capacité à orienter significativement la transformation de nos sociétés. L'enjeu en effet, c'est la transformation du réel. À ce stade, il convient de se poser la question du sens de nos débats. Pourquoi débattons-nous ? Et sur quoi débattons-nous ?

Il m'arrive de penser qu'on débat trop souvent pour se faire connaitre ; on débat juste pour l'attention des médias et pour des organisations tierces. C'est peut-être ce qui explique les excès de langage et les erreurs souvent volontaires d'appréciation. Le débat n'est pas posé. Il n'est pas modéré parce que les acteurs semblent manquer eux-mêmes de pondération. De toute évidence, il ne sortira rien de bon de ces joutes qui semblent faites pour perpétuer inexorablement l'échec. Il y a des conférences entières qui servent d'espace pour permettre à chacun de dire sa science. Il « convoque » ses connaissances ; il termine généralement par « j'ai dit » ; il se réjouit de sa prise de parole, peu importe si elle n'ajoute rien au débat et n'indique aucun chemin. Ce jeu se répète au fur et à mesure que s'empilent les séminaires et les conférences. C'est généralement dans le débat politique que l'on retrouve plus souvent ce genre de choses. On parle pour les caméras. On parle pour son propre plaisir. On étale toute l'étendue de son savoir. Le débat politique le permet parce que le périmètre à analyser est immense et n'autorise pas immédiatement les vérifications par le résultat. Les critiques sont plus faciles et la lumière médiatique est garantie.

En effet, au nom de l'intérêt général, chacun peut dire ce qu'il veut même si dans son for intérieur on ne sent pas la capacité de faire mieux. C'est probablement la raison pour laquelle, sur les sujets d'importance, il y a comme un éternel recommencement dans les pays en développement. Les mêmes problèmes surviennent comme s'ils ne s'étaient jamais posés dans le passé. L'effet mémoire semble ne pas jouer. À chaque apparition de la difficulté, la surprise est présente et pourtant on a déjà parlé abondamment du problème. Ceci est probablement la preuve que le débat a été superficiel. On a un peu brassé du vent et pour l'amour des mots. On s'est exprimé, mais pour soi-même et donc dans le vide. La société n'a rien appris. Les participants au débat économique et financier repartent comme ils sont venus. Il y a ici un questionnement à avoir sur notre manière de traiter les problèmes. C'est une interrogation sur le sérieux qu'on y met et sur les enseignements qu'on en tire pour l'avenir. Autrement dit, pendant qu'on parle les problèmes s'accumulent. Et l'on continue de parler, sans s'écouter et sans arrêt à la recherche de la solution magique et globale, au lieu de traiter les problèmes les uns après les autres. C'est ce qui crée une opinion confuse sur l'économie qui émerge d'un tel contexte.

S'il est un sujet où la palabre fonctionne fort ces temps-ci en Afrique c'est l'entrepreneuriat. Chacun a son idée sur la création d'entreprises. Chaque composante de l'administration publique a son outil d'intervention. Chaque composante de la société civile y va de son idée. Les Organisations Non Gouvernementales, les partis politiques, les personnalités en vue ont chacun une idée sur la question. De l'éclair de génie à l'imposture la plus complète, les idées ne manquent pas et quelques actions d'éclat rendent témoignage de ce foisonnement. Très souvent, on a simplement oublié que, dans le pays, nous sommes dans un seul et même environnement. Il faut des passerelles entre toutes ces initiatives. On a simplement oublié qu'il ne suffit pas d'avoir un talent pour entreprendre, pour créer une entreprise. Il ne suffit pas non plus d'avoir une formation académique pour le faire. Il faut sans doute les deux. En tout état de cause, il faut plutôt apprendre à ceux qui ont la passion, la volonté et l'idée économique comment élaborer un business plan et non de former pêle-mêle à la rédaction du business plan ceux qui n'ont ni projet ni envie de créer une entreprise. Dans tout cela, on ne crée pas dans le vide. On identifie un besoin ou un problème et on s'organise pour trouver la solution. C'est de là que part le processus de création d'entreprise et la confiance qu'elle devrait susciter auprès des banques.

Le fait est que pour un seul développement, il y a trop de concepts et trop de pistes y compris celles qui mènent à l'inefficacité si ce n'est à l'épuisement mental.

Pour illustrer le caractère prolixe des débats dans les pays en développement, la question constitutionnelle est parfaite. Le débat très prisé sur les règles institutionnelles dans nombre de pays africains a pris l'allure d'une course ardue vers l'exégèse juridique. Est-ce que la virgule est placée au bon endroit dans telle ou telle disposition de la constitution ? Malheur à ceux qui n'ont pas étudié le droit constitutionnel parce que le débat sur la constitution ne les concerne pas. D'ailleurs ils n'y comprendraient pas grand-chose. C'est lorsque la crème de ce que le pays compte de constitutionnalistes aura « convoqué » l'étymologie des concepts en plongeant à la source de son bréviaire universitaire que la parole utile sortira ! La constitution sera alors écrite jusqu'au jour où ses dispositions « gravées dans le marbre » seront rattrapées et même dépassées par la force des institutions informelles. Celles-là mêmes qu'on voudrait ignorer parce que trop éloignées de l'érudition académique mais pourtant si structurantes et si prenantes.

Épuisés par une virgule insidieuse, qui change dans un sens ou dans un autre la compréhension de ce texte ô combien important, les débatteurs ne s'avouent pas vaincus. Il faut à nouveau débattre et si possible réécrire.

Mais, quelle difficulté réelle veut-on résoudre ? Quel autre idéal doit-on créer ? Vers quoi veut-on aller ? Cet idéal épouse-t-il bien nos ambitions de développement, au-delà du plaisir intellectuel de l'élite de rhéteurs ? Les uns et les autres, les « sachants » ont électrisé les foules avec le débat constitutionnel en oubliant parfois l'essentiel. L'essentiel, c'est de préserver le vivre ensemble en répondant à la question de savoir comment faire que la diversité ethnique ne soit pas un problème pour la nation. Il s'agit de savoir comment faire pour que chacun trouve l'espace nécessaire pour l'épanouissement moral et matériel de sa personne. Sur le plan identitaire, que sa culture de terroir, ne l'enferme pas mais lui permettre au contraire de s'élever vers les choses en partage avec les autres à travers les concepts de Nation, d'État, de Service public qui subliment presque tout le reste. Tous ces concepts ne sont pas toujours évidents. Dans les pays en développement pays, comme dans les grandes nations modernes, ils sont une construction difficile à réaliser, aussi bien sur le plan de l'abstraction intellectuelle que dans la réalité. Ils résultent certes des choses visibles qui font le pays. Mais ils sont aussi et surtout le résultat du ressenti de chacun devant les réalités palpables de la nation en construction. Sans que ce ne soit une règle à valeur universelle, l'expérience montre que la célébration des vrais héros, ceux qui accomplissent des exploits dans leurs domaines respectifs facilite ce processus. En revanche, la mise en selle des contre-héros donne à la scène une tout autre ombre.

Et c'est tout cela qui fait l'environnement de l'économie. L'économie se nourrit autant des mécanismes financiers que de ces différentes façons de penser le monde et de porter les débats dans la société. C'est cet environnement social et culturel qui donne à l'économie sa forme et aussi sa capacité à porter la société vers le bien-être social. Autrement dit, de la perception à la réalité, nous sommes ce que nous sommes, y compris en économie. Les mécanismes de la finance doivent pourtant trouver leur chemin à travers tout cela afin de générer des richesses qui apaiseront tous les autres débats.

# Chapitre 5 :

## Quelle place pour l'innovation dans un contexte économique en développement ?

On a coutume de dire que l'innovation est facteur de progrès. Ceci est vérifié dans bien des cas, qu'il s'agisse du monde de l'entreprise, de l'administration publique ou du fonctionnement des organisations en général. L'innovation apporte un supplément de valeur ajoutée. Plus encore dans les pays en transition que dans les pays avancés, l'innovation peut apporter une transformation structurelle particulièrement positive. Il s'agit par l'effort de la pensée, par l'imagination dans l'action et par les choix à divers niveaux de trouver un chemin pour le progrès, car en fait l'innovation c'est le progrès. Il arrive généralement que la capacité d'innovation soit associée à la capacité d'investissement. Cela n'est pas faux dans la mesure où les inventions les plus décisives, à un moment ou un autre de leur parcours, nécessitent des ressources financières conséquentes. Mais, il arrive aussi que l'innovation jaillisse presque de nulle part, par l'imagination féconde d'un individu isolé. Au plan du management des organisations, l'innovation apparait aussi par des petits changements en apparence négligeables qui mis bout à bout apportent de la valeur. On pourrait affirmer que dans l'organisation, chaque pièce est source d'innovation.

La question qui se pose à nombre de pays en développement est celle de savoir comment innover efficacement sans faire d'investissement matériel et financier important ? Dans ces pays en effet, on entend souvent le mot réformes dans le discours économique courant, ce qui se comprend au regard des défis économiques à relever. Cependant, un certain nombre de ces réformes s'apparente en réalité à une recherche d'innovation pour accroitre les performances générales. L'innovation a ceci de particulier qu'elle peut se faire à tous les niveaux voire même dans tous les domaines de la vie socio-économique. Même dans les postures idéologiques, il est possible d'innover pour avoir une vision susceptible d'agir sur le réel. Le mot innovation peut ainsi s'apparenter à la réforme lorsqu'il s'agit de trouver des solutions aux problèmes économiques qui affectent la vie dans les pays en développement. La finance ne doit pas être en reste de cet effort.

Les diagnostics interchangeables auxquels s'ajoutent des solutions répétitives sont souvent responsables de l'échec de politiques publiques. La génération presque automatique des erreurs d'analyse aboutit globalement, dans le meilleur des cas, à effleurer les solutions en laissant quasiment intactes les problématiques. La prochaine intervention prendra une route parallèle en ignorant le passé avec ses erreurs. Et, elle conduira ainsi au même résultat. S'il est un domaine où plus que jamais l'innovation est nécessaire c'est probablement celui des politiques économiques de développement. En effet, l'innovation dans le diagnostic pour appréhender la situation à partir d'indicateurs plus pertinents et validés par une science qui se renouvelle et qui crée de nouveaux savoirs, est une perspective défendable. Si du fait des moyens financiers, matériels et humains limités, le pays peine à produire des idées à valeur scientifique, alors les expérimentations de terrain peuvent inspirer l'analyse. Le terrain en effet est fécond ; il bouillonne et montre parfois la voie, mais privé de reconnaissance officielle, il est bien souvent injustement ravalé au rang de l'insignifiant, de l'informel qu'on méprise. Ceux qui semblent tirer les meilleurs avantages de cette approche sont par exemple ceux qui ont adopté un enseignement de type nouveau. Un enseignement qui valorise les parcours, les acquis professionnels et qui part du vécu concret pour aller vers l'académique avant de revenir au réel au moyen du projet professionnel. C'est un chemin sûr vers l'innovation et un puissant vecteur de la création de valeur dans le monde économique. C'est une vision qui permet de valoriser en priorité les compétences plus qu'autre chose. Mais cela n'enlève rien à la valeur des savoirs théoriques faits pour davantage structurer la pensée que de donner la capacité de faire.

C'est pourquoi le métier de banquier est un métier formidable parce qu'il permet à la fois de prêter attention aux savoirs théoriques, notamment pour appréhender l'environnement économique, et de comprendre les enjeux plus concrets d'un projet soumis au financement.

Pour revenir à l'innovation à moindre coût, après le diagnostic des problèmes, viennent les solutions. Mais les solutions les plus fécondes ne sont pas les plus simples. Elles sont plutôt complexes parce que, une fois jaillies de l'imaginaire rationnel et formaté par les savoirs académiques, il faut toujours les replacer dans le contexte, les rapprocher de l'expérience passée et les projeter dans l'avenir pour en consolider la cohérence. Il faut aussi à l'échelle du pays, les comparer au voisinage comparable, par la géographie, par l'histoire et en raison de la proximité des contextes socio-politique et culturel. Le problème est que, le temps du travail sérieux pour déboucher sur les innovations décisives se raccourcit inexorablement tandis que son coût financier apparait souvent exorbitant. Alors il faut faire vite et bien. Si « faire vite » pour innover réussit presque toujours, « faire bien » est plus difficile à atteindre en « faisant vite ». C'est pourquoi, chacun, s'appuyant sur soi-même ou sur les autres, avec ses biais cognitifs, avec sa disponibilité de cœur vis-à-vis des bénéficiaires des solutions que l'on préconise, devrait s'exalter pour l'innovation et pour la créativité au service d'une finance qui prend pour modèle la création de valeur.

Ici également, ceux qui apparemment voient plus loin ont inventé la pratique du co-développement ou de l'intelligence collective dans la recherche de solutions aux problèmes. Cette pratique se traduit par la mise en commun des raisonnements, des questionnements itératifs et pertinents pour aboutir à une convergence intelligente vers les solutions. L'Afrique d'avant savait le faire, quand elle soumettait tout raisonnement au feu nourri d'une assemblée de sages, pour confronter les sagesses et suggérer des solutions consensuelles par une démonstration acceptée par le plus grand nombre. Les conseils d'administration, les décisions collégiales sont une émanation de cette sagesse venue de la nuit des temps. L'innovation réside ici dans le fait que personne n'a raison tout seul dans son coin et que la meilleure décision est généralement celle qui fait du bien au plus grand nombre. Ainsi, celui qui a réussi à créer dans son coin doit être capable d'expliquer, de diffuser et de partager.

Donc on peut innover simplement en changeant ou en faisant évoluer sa façon de voir. Les problématiques liées à la gestion publique sont souvent les moins faciles à solutionner parce que la volonté personnelle ne suffit pas ; elle requiert en plus celle des autres acteurs et une convergence des volontés ainsi que des circonstances. Le mécanisme apparait autrement plus complexe. Mais le fait est que les problématiques publiques qui semblent insolubles ont besoin d'un regard lucide. Si en prenant par le même bout plusieurs fois un problème on ne trouve pas de solutions, l'innovation consisterait ici à envisager le même problème par un autre angle. C'est une innovation indicible mais elle peut apporter des changements significatifs sur le plan des résultats. Il semble admis que l'attitude à la base de ce comportement c'est la curiosité intellectuelle ou tout simplement le sens critique. En effet, l'innovation commence avec le questionnement. Et de la qualité du questionnement dépend en grande partie la justesse ou la profondeur des réponses et donc la force de l'innovation elle-même. Dans la vie quotidienne on peut ainsi observer que certains sont portés vers le questionnement tandis que d'autres n'en éprouvent pas le désir.

Pour innover, il faut aussi savoir ne pas perdre de temps et trouver les chemins, des raccourcis intelligents qui font appel autant au génie de chacun qu'à celui de la communauté. Le principe même de la communauté réside dans la mutualisation. Il s'agit en effet de mettre ensemble les forces pour atteindre des objectifs communs. Il n'est nullement question de tout partager. Il n'est pas non plus question de faire disparaitre comme par enchantement ses faiblesses. Mais, il s'agit plutôt de renforcer ses forces et de corriger progressivement ses faiblesses, avec l'aide d'autrui. Les forces peuvent s'entendre ici par capacités de production, le niveau d'épargne, le génie créateur, la qualité des infrastructures physiques, l'éducation…, etc. Les faiblesses peuvent se définir comme des insuffisances dans les secteurs déjà énumérés. Pour des pays indépendants, l'objectif de la création d'une communauté est bien d'augmenter les chances d'accéder au développement économique et social. L'intégration apparait ainsi comme un vecteur de développement. Si l'on veut bien sortir des constructions abstraites, je dirai que le choix pour un pays d'intégrer une communauté de pays lui permet en fait de répondre à la préoccupation de savoir ce qu'il donne ou conserve de sa souveraineté et ce qu'il en tire comme avantages pour ses populations. Le propos ici n'est pas de décrire le processus d'intégration économique des pays ni même d'en présenter les avantages et les inconvénients théoriques. Il s'agit de mentionner simplement la dimension pratique et les avantages d'une telle démarche, l'accélération du processus d'innovation à moindre coût.

Les pays ne déploient pas toujours leur créativité au même moment ou au même rythme. Certains pour des raisons objectives ou qui tiennent plus à leur histoire où à leur culture peuvent renfermer des gens plus entreprenants. Dans un domaine donné de la vie économique ou sociale, ils affichent une bonne maitrise de leurs avantages comparatifs. Ils en usent à bon escient et peuvent servir de modèle aux autres pays. Dans une communauté de pays engagés dans un processus d'intégration, entre l'effervescence des sommets officiels, les points de presse et les rencontres formelles et informelles entre délégations, se disent généralement des choses plutôt convenues. Il est un exercice dont l'apport peut être manifeste s'il est pratiqué de manière efficace, c'est le mimétisme conscient et bénéfique qui n'est rien d'autre que l'apprentissage permanent. Il est un autre moyen plus simple lorsqu'il s'agit d'innover avec peu, c'est le fait de toujours s'interroger, de se poser des bonnes questions pour avoir envie de transformer les choses, d'abord à sa petite échelle.

# Chapitre 6 :

# La finance émergente en pays en développement, entre l'orthodoxie et l'informel

La finance en Afrique demeure un vaste sujet tant beaucoup a été fait et, paradoxalement, beaucoup reste à faire. Les instruments de la finance existent ; les banques, les établissements de microfinance, les établissements financiers travaillent suivant les règles de l'art et sont globalement efficaces. Leurs activités, en faveur d'une clientèle qui s'élargit chaque jour, sont continuellement en hausse. Et dans l'ensemble, ces établissements se portent bien. Prudents et responsables, ils n'hésitent pas également à innover pour offrir des produits adaptés aux besoins de la clientèle. Dans nombre de pays africains et en Afrique centrale en particulier, l'industrie financière fait partie de la vitrine moderne de l'économie. Le taux d'accès aux services financiers progresse dans les grandes villes, comme dans les localités de l'arrière-pays reliées aux centres urbains. L'épargne captée par les établissements régulièrement agrées concerne de plus en plus de populations y compris parmi les plus modestes ; de même que les possibilités de crédits augmentent, quoique les niveaux atteints sont en dessous des attentes.

L'enracinement social de la microfinance, la diversification de l'actionnariat bancaire dans l'ensemble, l'émergence d'une classe moyenne possédant à la fois une capacité d'épargne et un pouvoir d'achat, la volonté individuelle de s'insérer socialement par une activité productive durable contribuent à amplifier ce phénomène. On pourrait empiler les chiffres disponibles pour étayer ce constat, mais ce n'est pas l'essentiel de la présente analyse. Dans le contexte de l'Afrique centrale et du Congo Brazzaville plus précisément, l'évolution de l'activité bancaire peut être considérée comme relativement bien orientée, mais toujours avec un sentiment de plafond de verre chez le plus grand nombre. Cette frange de la population, cherche encore sa place face à l'industrie bancaire.

De ce fait, nul doute que des vocations entrepreneuriales se perdent, des idées, peut-être lumineuses, de création de richesses disparaissent, des projets d'entreprises n'aboutissent pas, faute de financements. Les États, à défaut du rendement optimal de l'impôt en raison du niveau de l'informel dans l'économie réelle, et à cause d'une certaine atonie des marchés financiers locaux, se sont souvent tournés vers les bailleurs de fonds internationaux. Des particuliers, soucieux de consommer, d'entreprendre ou d'investir dans l'immobilier par exemple, se résignent au financement informel, tandis que certaines entreprises individuelles fragiles tentent de survivre entre le manque de financement et les aides informelles multiformes, avant probablement de disparaître. De l'observation du fonctionnement de ce qui fait office d'industrie bancaire dans les pays de la sous-région, Il ressort que l'offre de services financiers apparait en définitive inférieure à la demande. L'évolution de l'offre, quoiqu'en progression, suit son propre rythme en accord sans doute avec les contraintes du marché. Fort de ce constat, les autorités bancaires (États, régulateurs et les professionnels du secteur) ont réagi dans deux directions : l'amélioration du cadre général et un regard utile sur le renforcement de la qualité de la demande de crédit par une réflexion pertinente sur les freins au financement (1) et la mise en œuvre des mesures incitatives en direction des banques pour accroitre la quantité de crédits distribués afin de la porter au niveau de la demande (2). Ces différentes pistes, si pertinentes soient-elles, apparaissent encore insuffisantes face à l'immensité du problème. En effet, en dépit de progrès indéniables, la finance en Afrique centrale semble faire face à un blocage. Le problème fondamental parait être celui de l'inadéquation stratégique et institutionnelle. Cette inadéquation se traduit par un déséquilibre profond entre le type d'institutions financières présentes et la spécificité de la demande de financement dans un contexte de pays en développement. Ce contexte est marqué par un secteur privé local encore faible et par la rareté des capitaux longs nécessaires à l'investissement. Les différentes réformes entreprises dans ce secteur sont en elles-mêmes cohérentes. Elles ont certainement permis de résoudre des problèmes techniques à différents niveaux. Mais, il s'agit à présent de se poser la question de l'efficacité globale de la finance au service du financement du développement.

La valeur intrinsèque de chaque établissement de crédit n'est pas en cause ; elle est même généralement satisfaisante. La question est celle de savoir si le dispositif d'ensemble, à travers les instruments existants, les stratégies des acteurs du secteur, l'état des financements offerts et autres, est de nature à ouvrir ou non un cercle vertueux susceptible de permettre l'enrichissement du plus grand nombre et particulièrement de ceux qui entreprennent. Autrement dit, est-ce que l'intermédiation financière est aujourd'hui efficace en Afrique centrale ? Le débat récurrent sur la faiblesse des garanties bancaires comme principal facteur explicatif du sous-financement de l'économie ne révèle-t-il pas le contraire ?

Pour tenter d'apporter quelques éléments de réflexion en rapport avec cette problématique, on peut avec des mots simples mettre en exergue deux aspects qui me semblent importants : a) la place de l'informelle dans la compréhension des modes et circuits de financement dans la société et b) le chainon manquant de la démarche de valorisation de l'industrie bancaire en Afrique. Je crois modestement que l'activité bancaire s'industrialise plus vite quand elle accompagne les industries du secteur productif.

### 6.1. La finance en Afrique centrale et la finance de l'ombre

Sans pouvoir donner de chiffres précis et pour cause, l'on peut constater la réalité de l'économie informelle dans nombre de pays africains. Le secteur de la finance ne fait pas exception. Nombre d'activités socio-économiques, nombre de contrats non écrits mais simplement actés par la parole donnée, se traduisent par des transactions monétaires.

Au sein d'une même famille ou entre amis, entre collègues ou au quartier, ces transactions sans support existent. Elles se nouent et se dénouent plus ou moins bien. Cette finance de l'ombre « désintermédiée » et dématérialisée est une part de la finance en Afrique centrale. Elle n'a pas pris le train de la bancarisation. Elle n'a pas réussi à s'insérer dans celui de la microfinance. De toute évidence, elle est restée en marge des tentatives de régularisation. Dès lors, la question qu'on peut se poser est celle de savoir si cette finance, qui a déjà inventé ses propres instruments de fonctionnement, accédera à la reconnaissance des régulateurs. Dans le prolongement de ce questionnement, peut-être devrait-on parler de finance parallèle sans aucune possibilité d'encadrement réglementaire.

Pour le régulateur, la tâche n'est pas aisée. Il doit prendre le temps d'assimiler une activité qu'il ne connait pas. Une activité qui porte des risques certes, mais qui pourrait aussi receler des gains ou des avancées significatives pour la finance. En principe, la régulation vise une activité qui existe déjà et le « timing » de l'intervention du régulateur est particulièrement important. Alors qu'une intervention tardive laisse prospérer des risques pour la stabilité financière, une intervention précoce peut étouffer une initiative porteuse d'innovation. Pour ces activités inhabituelles, la régulation peut également prendre des formes nouvelles et décentralisées au plus près de l'action, afin de permettre aux régulateurs de se consacrer à l'essentiel c'est-à-dire le suivi des structures plus classiques.

Il a fallu aux autorités monétaires beaucoup de courage et de perspicacité pour reconnaitre la valeur de la microfinance. Peut-être faudrait-il poursuivre cet effort d'analyse de l'inconnu, pour mieux appréhender ce que nous apprennent ces différentes manifestations de l'innovation des pratiques financières hors cadre. La reconnaissance officielle et aujourd'hui internationale de la finance islamique constitue une bonne illustration de cette idée. En effet, à contre-courant des règles communément admises, la finance islamique a pour élément déterminant le bannissement de l'intérêt dans les transactions financières plus précisément dans les opérations de prêts d'argent. Ainsi donc, le principal moteur du crédit, la traduction la plus courante du risque de crédit qu'est le taux d'intérêt est purement et simplement abandonné sans que l'édifice financier ne s'écroule. C'est la confirmation de l'évidence selon laquelle, en finance comme dans tous les autres domaines de la vie socio-économique, Il faut partir des idées concrètes pour construire les schémas de fonctionnement. Les produits financiers traduisent à cet égard des montages qui reflètent des principes, des idées, des volontés à formaliser dans des contrats adaptés. Et visiblement, la finance islamique a réussi. Elle a des institutions crédibles ; des volumes de transactions appréciables ; et une clientèle de plus en plus nombreuse.

La finance islamique n'est plus informelle. Elle est enracinée dans les valeurs culturelles ou religieuses des populations concernées. La finance islamique a donc certainement existé longtemps dans l'ombre avant d'être trouvée et valorisée par les institutions et les autorités compétentes. Peut-on dans le contexte propre de l'Afrique centrale engager le même processus ? C'est-à-dire à partir des habitudes culturelles et des réalités tangibles et bien ancrées ayant une traduction en termes de transactions monétaires, construire des instruments d'une finance qui soit à la fois efficace et populaire.

Si l'on veut bien se donner la peine de revenir aux sources du métier pour intégrer le fait que le facteur clé du développement de la finance c'est la confiance mutuelle entre ceux qui offrent les services financiers et ceux qui sont censés y recourir, il nous faut élargir le cadre d'analyse pour savoir si, aux plans technique, sociologique et culturel, l'offre est bien adaptée à la demande. En volume, certainement pas encore, mais est-ce bien là la seule inadéquation ?

### 6.2. La finance en Afrique centrale et le chainon manquant du raisonnement

Dans les pays avancés, la finance classique finance les besoins de consommation et les investissements des ménages ; elle finance aussi les entreprises ; elle tire vers le haut la production des biens et services de grande consommation en donnant aux ménages les moyens d'y accéder. Elle offre par ailleurs aux producteurs, donc aux entreprises, les concours financiers qui permettent d'assurer la production à travers le financement des besoins de trésorerie ainsi que l'investissement. Ainsi, l'intermédiation permet non seulement d'accroitre les ressources des banques par une collecte efficiente des dépôts, mais elle met également les banques en position d'alimenter par le crédit la machine de la production au bénéfice des entreprises et de leurs clients qui se trouvent être aussi clients des banques.

L'on peut alors percevoir clairement le rôle de l'industrie bancaire dans le processus de création de richesses dans la société. Il y a dans le fonctionnement de la finance un double pari : 1) le pari des personnes physiques ou morales qui font le choix de confier la gestion de leur épargne à des institutions dont c'est le métier. Cette démarche reflète à la fois la confiance dans la valeur des contrats, la confiance dans les institutions que sont les banques, les juges, l'État, et les superviseurs et la confiance dans l'avenir et dans la prospérité individuelle et collective. C'est pourquoi, le premier signe inquiétant de la faillite bancaire c'est le retrait incontrôlé et frénétique des avoirs par les clients gagnés par la peur de tout perdre, à la suite de la perte de confiance dans l'établissement. Chacun peut à cet égard mesurer l'impact de la rumeur sur la stabilité bancaire.

Par conséquent, lorsque dans une société, la culture sociale donne autant de valeur à la rumeur qu'à l'information, les bases du déficit de confiance sont posées pour longtemps, et ceci bien évidemment au détriment de l'essor de la finance. À ce titre, l'apparition d'internet, qui favorise en d'autres temps la réalisation des opérations bancaires à travers la simplification des procédures administratives, peut devenir une nouvelle source d'instabilité financière dans les pays en développement, en raison de la profusion d'informations ou de simples rumeurs diffusées sans la moindre précaution. Il existe peu de perspectives de développement de la finance dans un contexte socio-culturel qui crée, entretient, diffuse et aime la rumeur.

2) le second pari est fait par les institutions financières qui font à leur tour le choix d'accompagner leurs clients (particuliers et entreprises) dans la réalisation de leurs projets. Ce choix est dans une certaine mesure naturelle, puisqu'il s'agit pour les banques d'aider ceux qui d'ordinaire leur prêtent de l'argent (les déposants) à emprunter à leur tour. Certes, ce ne sont pas toujours les mêmes, mais globalement, le schéma de l'intermédiation consiste à rendre fluide, dans l'intérêt du banquier d'abord, la circulation de l'argent entre les clients d'une banque ou du système bancaire dans son ensemble. À l'arrivée, cette fluidité donne des capacités financières aux personnes qui peuvent ensuite les transformer en actes de création de valeur sur le plan économique. Comme indiqué plus haut, le métier de banquier permet en définitive de fournir à l'économie réelle, celle de la production des biens et services valorisables, les moyens financiers nécessaires à son fonctionnement.

La mise en œuvre réussie de ces deux paris qui recouvrent au fond les deux aspects de l'activité bancaire suppose d'avoir des ménages ayant une capacité d'épargne ou un pouvoir d'achat et des entreprises en capacité de production. Il convient également d'ajouter l'existence des marchés de biens et services organisés, dynamiques et encouragés par une société qui, dans sa démarche collective, accepte l'enrichissement des plus entreprenants (au sens noble), refuse la pauvreté, accepte également de beaucoup consommer et souscrit suffisamment à la valeur travail en produisant ce dont elle a besoin.

Aussi, à partir des signaux envoyés par l'économie réelle, sa nature, son niveau d'organisation et ses capacités productives, la finance trouvera facilement ou ne trouvera pas les créneaux de son épanouissement. La finance indirecte n'innove pas pour le plaisir. Accolée à la réalité de l'économie, elle innove pour suivre une réalité productive qui évolue et offre plus d'opportunités de financement. Il n'y a assurément pas de dynamisme bancaire sans dynamisme de l'économie réelle car le dynamisme bancaire relève de l'économie de service qui accompagne le frémissement industriel porté par les entreprises, avec ou sans l'État.

Au fond, pour avoir une finance en Afrique centrale encore plus efficace, il faudrait au préalable résoudre le problème du modèle de finance qu'il faut à l'Afrique centrale et à chaque pays qui la compose. Ce modèle ne doit pas être une juxtaposition d'instruments en dehors d'une stratégie globale. Il faut donc répondre à la question de savoir qui sommes-nous, en termes de capacités financières et entrepreneuriales et en termes de besoins de financement ? Et comment voulons-nous être ? À celle de savoir comment vivons-nous ou bien que faisons-nous de notre argent, en termes d'insertion sociale ? Pour ce faire, il s'agirait de faire en sorte que l'argent des uns serve à ceux qui veulent entreprendre et créer davantage de richesse dans l'économie, sans préjudice pour les premiers. Il s'agit donc de mieux organiser les circuits de gestion de l'argent des particuliers et des entreprises dans la collectivité afin de le mettre au service du développement. La finance tant souhaitée en Afrique centrale est celle qui permettra de mettre les institutions financières en mouvement, à l'intérieur de cette dynamique bénéfique à tout point de vue.

Donc, réfléchir sur la finance en Afrique centrale sans engager une analyse approfondie sur l'économie de la sous-région en général et sur l'état du développement industriel en en particulier me paraitrait être une entreprise très laborieuse. La profondeur du développement des industries manufacturières ou de services (hors secteur bancaire bien entendu) dans un pays donne la mesure de la capacité de son système financier. Il est en effet difficile d'avoir une finance forte dans une économie qui ne l'est pas encore. L'industrie financière se nourrit de la vitalité des autres industries, lesquelles lui offrent les opportunités nécessaires pour accroitre son portefeuille et donc pour alimenter sa rentabilité et, partant, sa solidité financière et donc ses capacités d'intervention. Une autre manière de formuler la même idée est de dire que la finance (directe ou indirecte) accompagne et soutient l'économie. Elle ne saurait trop anticiper sur le réel, au risque de créer des bulles spéculatives. Mais, elle ne peut pas non plus se permettre d'être trop en retard par rapport aux besoins réels de financement, pour susciter ou préserver la dynamique de croissance. Par ailleurs, l'argent des banques qui permet aux entreprises d'investir est un élément parmi tant d'autre de la vitalité de ces mêmes entreprises. Un débat de fond sur l'état de l'entreprise parait nécessaire. Ainsi, parlant d'entreprises, leurs structures internes de gestion, l'engagement de leurs managers, le sérieux de leurs salariés, la pertinence de leurs stratégies et la profondeur de leurs marchés donnent à leurs produits (biens ou services) une existence propre à laquelle le financement bancaire apporte une certaine pérennité. Et chaque entreprise devrait pouvoir trouver l'offre qui correspond à travers le foisonnement de produits que les banques devraient pouvoir offrir, encore faut-il savoir quelles sont les véritables entreprises dans le contexte local ?

En fait, Il existe plusieurs définitions possibles de l'entreprise, en fonction des critères que l'on met en avant. Qu'il s'agisse de l'aspect social ou juridique ou encore de la taille par le chiffre d'affaires ou par les marchés à travers lesquels elle déploie ses activités, l'entreprise peut être définie différemment. Mais, toutes ces définitions se rejoignent sur un point : l'entreprise est une organisation qui mobilise des moyens humains, matériels et financiers pour atteindre des objectifs de profit, de reconnaissance et de participation à la vie socio-économique de l'espace de ses implantations.

L'entreprise vit dans un environnement qui la renforce ou, au contraire, l'affaiblit ; elle emploie des êtres humains qui par leurs façons de penser ou d'agir en font un fleuron ou un échec ; elle est le lieu de l'émulation ou non ; en fonction des règles qu'elle se donne la communauté humaine qui la compose, l'entreprise se projette dans l'avenir ou non. Quel que soit le bout par lequel on aborde la question, l'entreprise demeure un espace humain organisé avec des règles et des intérêts à défendre. Née dans le secret et par la volonté de ses promoteurs, elle se fait connaitre par son immatriculation, ses produits et ses plus fidèles ambassadeurs que sont ses ressources humaines.

Avant de parler des forces et faiblesses de l'entreprise en général dans le contexte de l'Afrique centrale ; avant de permettre à la collectivité nationale d'en prendre conscience et de formuler les contours de l'aide à apporter à l'entreprise, il y a au départ le projet de l'entreprise. Pas ce que l'entreprise est, mais ce qu'elle entend apporter à la communauté. Pour ce faire, il faut comprendre la place que la communauté nationale, dans sa façon de penser et de vivre, réserve à l'entreprise, pour ajuster le contenu de l'apport de la finance par rapport à l'économie.

Enfin, le financement bancaire c'est de l'argent qui est injecté directement ou de manière indirecte (prêts aux entreprises ou aux particuliers) dans un processus de production. S'agissant particulièrement des entreprises, ce processus doit être solide en amont, bien avant les financements, et en aval, après les financements, permettant ainsi à la finance de jouer son rôle. En Afrique centrale, plus qu'ailleurs, tant que l'on n'aura pas porté une attention particulière, une analyse critique et constructive sur la qualité des processus de production ou simplement sur la production économique, la finance risque de faire peu de miracles pour accélérer le développement.

# Chapitre 7 :

## La bonne gouvernance, nouvelle rhétorique ou enjeu réel ?

La bonne gouvernance est un joli concept qui résume bien le discours du temps présent sur la manière de faire mieux pour résoudre les problèmes en réduisant fortement leur probabilité de survenance. Les gouvernés dans toutes les organisations le réclament et la communauté internationale le demande, à l'endroit du monde en développement. La bonne gouvernance tend à devenir un indicateur fondamental dans les processus d'évaluation des politiques publiques. Les gouvernants des pays en développement eux-mêmes se sont appropriés le concept tandis que les populations y voient un chemin vers le développement par la culture de la vertu. Simple effet de mode ou réelle évolution dans la solidarité internationale au service du progrès social à travers l'efficacité des politiques publiques, la bonne gouvernance a réussi à s'imposer dans le discours. Mais au fond de quoi parle-t-on ? Et au-delà des mots, quelle représentation pratique en avons-nous, en rapport avec la question du financement de l'économie c'est-à-dire du développement ?

## 7.1. Il n'y a pas a priori de bonne ou de mauvaise gouvernance

Oui, il n'y a pas de jugement a priori pour qualifier la nature bonne ou mauvaise d'une gouvernance. À l'instar de tous les préjugés, ceux qui portent sur la gouvernance sont aussi discutables. Les convergences et les divergences d'opinions sur les sujets en débat sur la scène internationale font de l'appréciation de la gouvernance publique une matière délicate car de nature politique. Il apparait dès lors difficile, s'agissant de la gouvernance publique, de dire si elle est bonne ou mauvaise, sans révéler en réalité une analyse du risque pays. L'appréciation de la gouvernance publique porte sur une matière beaucoup trop vaste pour être véritablement neutre. Elle dépend de son auteur ; elle dépend également du contexte. La gouvernance est efficace ou elle ne l'est pas. Dans une gouvernance, il y a la prise de décision et il y a les résultats sur le terrain.

En principe, en ce qui concerne un pays moderne, le respect de l'état de droit tel que défini par le canevas républicain est un signe de bonne gouvernance. Mais, dans l'analyse des questions de cette nature on demeure toujours partagés entre les exigences des canaux de décision et les résultats poursuivis. Pour un pays, la qualité du processus de décision peut- elle suffire à garantir l'efficacité quand on n'a pas une maitrise suffisante des instruments financiers, des instruments techniques et des marges de « souveraineté » intellectuelle et morale qui sous-tendent la vision stratégique nationale ? Le critère fondamental de l'appréciation de la qualité d'une gouvernance publique, pour un pays en développement, devrait être la capacité à réaliser ou simplement à tendre vers les objectifs de développement. Il faut encore que ces objectifs apparaissent suffisamment clairs et suffisamment ambitieux pour faire franchir au pays des paliers mesurables, afin de manifester dans la réalité concrète la qualité de la gouvernance publique.

Dans un contexte d'interdépendance multiple entre les organisations, se gouverner soi-même peut s'avérer pénible si l'on n'a pas les bons repères, notamment lorsqu'il s'agit de gouverner dans des domaines mettant en valeur des concepts qu'on n'a pas inventés soi-même c'est-à-dire qui ne relèvent pas de ses réflexes les plus naturels.

Si sur le plan privé, les erreurs se digèrent plus facilement et servent d'ailleurs de ferment pour l'apprentissage, avec un impact plus circonscrit à sa propre sphère, pour une institution ou un État, les choses paraissent plus difficiles. En effet, dans la mesure où tout de ce qui, en termes de concepts, de codes, de savoirs et de manières de faire est emprunté, la haute administration publique semble être un exercice délicat. Dans ce cadre, les erreurs de gouvernance peuvent apparaitre sous la forme de décalages. Le décalage entre le formel qui est l'aboutissement sur le papier de la logique intellectuelle bien assimilée et l'informel qui est probablement la logique la plus ancrée. Il s'agit du décalage entre le fonctionnement formel des choses d'une part, et les valeurs profondes qui les sous-tendent et qui ne sont pas toujours celles des acteurs du « formel », d'autre part. Ce phénomène apporte encore de la complexité à l'appréciation de la qualité de la gouvernance.

Il faut de l'apprentissage pour la gouvernance, par un effort personnel d'intériorisation. Dans cette relation quotidienne entre l'institution ou le cadre d'action et les animateurs, les rôles ne semblent pas figés quoique formellement bien repartis : à l'institution l'affirmation par des principes et aux acteurs la confirmation de ces principes par des actes. Simplement, il se trouve que les actions des acteurs sont autant en rapport avec les principes de leur cadre d'action qu'avec leurs propres valeurs. Plus précisément, c'est le degré d'appropriation des valeurs fondamentales prônées dans le cadre de référence qui fait la culture de la gouvernance d'une organisation. Ramené à la problématique du financement de l'économie, on pourrait affirmer que dans le métier de banquier l'aversion voire le refus du risque tend à devenir la culture dominante de la gouvernance.

## 7.2. La gouvernance est un apprentissage collectif

En ce qui concerne le comportement des différents acteurs de la gouvernance, il me parait important de vérifier que chacun d'entre eux se pose les questions suivantes : « que dois-je faire pour être exactement dans mon rôle » ? « Si je fais ce que j'ai à faire, à quel niveau se trouvera l'organisation » ? « Si je ne fais pas ce que je dois faire, que m'arrive-t-il et à quel niveau se trouvera l'organisation » ? Ce triple questionnement permet de se rendre compte de la conscience que chacun pourrait avoir de sa responsabilité, pas celle d'autrui mais sa responsabilité propre.

Ainsi donc chacun est d'abord responsable de la gouvernance dans sa parcelle de responsabilité. À différents niveaux d'une institution quelconque ou même d'un État, des choix sont faits, des décisions sont souvent prises. À tous les niveaux de la chaine administrative, une certaine orientation est donnée au fonctionnement de l'organisation aussi bien par les décisions que par les attitudes, les comportements et les autres aspects en rapport avec l'informel. L'excellence des grappes inférieures tenues par des hommes et des femmes de l'organisation détermine le positionnement vers l'excellence des échelons supérieurs et probablement que l'inverse aussi est vrai.

Dans un pays, il y a la gouvernance globale, celle qui porte sur les choix essentiels dans une société. Elle dépend de la lucidité « des premiers de cordée », de l'autorité de l'administration centrale dans la gestion des défis majeurs (sécurité, sécurité juridique, l'eau et l'électricité, les routes, les hôpitaux et les écoles…etc.). Cependant, il y a aussi la gouvernance quotidienne exercée à différents niveaux de responsabilité avec des conséquences importantes dans la société. Elle dépend de chacun et de tous. En la matière, les choix individuels de gouvernance sont aussi déterminants. Le responsable d'une ONG peut choisir de renforcer la capacité d'analyse de ses membres ou au contraire les enfermer dans des préjugés idéologiques, avec des initiatives heureuses ou hasardeuses pour la société ; le chef d'entreprise qui se fait payer après l'exécution d'un marché important peut choisir d'investir pour développer ses affaires, assurer l'emploi et pérenniser la création de richesses ou au contraire de faire dans l'ostentation matérielle pour soi.

Donc à y voir de près, toutes ces formes de gouvernance, individuelle, éthique ou morale de tous les jours, façonnent autant la vie sociale que les choix dans la gouvernance publique. Ainsi, il y a une bonne gouvernance lorsque la pertinence des choix publics rencontre le civisme et la capacité de dépassement individuels. La gouvernance publique n'est pas seulement la capacité institutionnelle à agir sur les choses. Elle réside aussi dans la qualité de la formulation des problèmes, du niveau d'exigence sociale, de l'ambition collective ainsi que du comportement de chacun dans sa modeste sphère de compétence.

La gouvernance n'est jamais totalement bonne ou totalement mauvaise, car ses acteurs n'ont pas partout et en même temps le même rendement par rapport aux objectifs à atteindre. En revanche, elle peut être globalement efficace ou globalement déficitaire sur le plan des résultats, pour autant que ceux-ci dépendent exclusivement de l'action des acteurs. En effet, il arrive aussi que l'entrain et/ou la compétence ne suffise pas, sous le poids de contraintes plus fortes et inattendues de l'environnement. La gouvernance est efficace par pans, tout comme elle peut être sans résultats à certains endroits. Dans cette analyse de la gouvernance, il faut aussi porter un regard sur l'état des moyens qui en soi explique également certains résultats négatifs, bien que l'efficience soit une notion admirable.

Il est fondamental que chaque acteur sache ce qu'il doit faire. Mais, il est tout aussi important d'avoir des idées claires sur le chemin commun ou la vision d'ensemble. La gouvernance peut en effet pâtir du défaut de cohérence entre les actions des différents acteurs. Personne ne doit se sentir le droit de faire tout le temps ce qu'il veut dans son champ de responsabilité, sans tenir compte des objectifs. Dans bien des cas de fonctionnement des organisations, on peut voir que le manque de discipline face aux objectifs affichés affecte l'efficacité. Les gouvernances perçues comme les plus efficaces dans l'administration s'appuient généralement sur des bonnes règles, le reste étant la part de virtuosité du leader.

### 7.3. En ces temps d'interdépendance, qui est finalement responsable de la gouvernance économique ?

En fonction de la situation du pays, La formulation de la politique économique peut être dans les faits une responsabilité partagée, entre le pays et la communauté internationale. En effet, la standardisation des normes, l'alignement idéologique et les engagements internationaux conduisent à une uniformisation des modèles de progrès. Lorsqu'un pays réussit, la mondialisation se trouve confortée. Mais en cas d'échec d'un pays ancré dans la mondialisation c'est-à-dire dans une interdépendance multiple, qui est réellement responsable ? Dès lors que la prise de décision économique, dans la phase de maturation intellectuelle des idées, se trouve en grande partie externalisée, l'échec ou la mauvaise gouvernance qui peut en résulter peut difficilement ne pas être collectif.

Ce phénomène de dépendance globale (économique, intellectuelle, culturelle...etc.) peut être, dans le meilleur des cas, un accélérateur de développement et, dans le pire, une source permanente de diffusion de crises et de problèmes de gouvernance. Dans ce cadre, la responsabilité des gouvernants est surtout de ne pas avoir pensé eux-mêmes le canevas des solutions aux problèmes qu'ils doivent gérer. Ceci est valable dans les pays en développement comme dans les pays avancés, indépendamment de la nécessité de croire en la solidarité et bien entendu de respecter les conventions internationales. Les idées, les programmes, les normes économiques et sociales, créées quelque part, visent un idéal de gouvernance, mais pas seulement de gouvernance. Elles portent un modèle de société en arrière-plan. En retour, Il conviendrait donc de faire émerger des profondeurs de la réflexion endogène les éléments d'une véritable transformation pour le développement de l'industrie bancaire en Afrique centrale.

On gouverne par des décisions. On décide en fonction d'une grille de lecture qui est personnelle ou collective. Dans les fonctions publiques, en principe la grille de lecture qui conduit à la décision est collective et la marge pour la grille de lecture personnelle est plutôt tenue. C'est ce qui permet aux grandes nations, en fait aux nations bien organisées ou dans les grandes institutions, de maintenir le risque de mauvaises décisions à un niveau acceptable. On ne sait totalement à l'avance ce que seront les conséquences de la décision, même si on les anticipe fortement. Mais, en revanche, on sait parfaitement les critères à prendre en compte pour décider. Ainsi, rarement la décision est personnelle car elle se prépare minutieusement en amont par des gens dont c'est le métier.

Les grandes institutions décrètent qu'elles sont plus grandes que leurs différents responsables. Elles se donnent les moyens de fixer les objectifs et de tracer la ligne rouge à ne pas dépasser pour quiconque voudrait les servir. Et ce mot servir garde tout son sens car il permet de bien comprendre que le dirigeant est un serviteur. Il sert l'institution en suivant ses prescriptions. Quel que soit le domaine d'activité que l'on choisit, les hommes sont au service de quelque chose qui peut être une idéologie, des valeurs, ou une ambition collective. Dans un pays avancé, généralement la société est bien organisée et l'État est fort. Il en résulte que la gouvernance est efficace parce que la vie socio-économique fonctionne en cohérence dans un alignement de couloirs dans lesquels chacun fait un parcours et sait ce qu'il doit faire.

À la différence de la réalité des pays avancés, les pays en développement ont comme caractéristique majeure la vulnérabilité organisationnelle, avec un État peu solide, non pas en raison de la volonté de puissance des hommes forts, mais parce qu'il s'appuie sur des moyens fragiles. Il manque en effet à l'État beaucoup d'atouts pour conforter sa légitimité dans un contexte de pays en développement. L'État prouve sa force dans sa capacité à résoudre les problèmes des populations. Qu'il s'agisse des problèmes relatifs à la sécurité ou des problèmes d'insertion et de bien-être social, l'État marque sa présence par ses performances. Ainsi, il se légitime et rassure. C'est la base de la bonne gouvernance publique. Malheureusement, dans bien des cas, les crises endémiques de l'État, du fait notamment d'une économie structurellement faible et incapable de relever les défis, crée l'animosité voire une grande colère contre l'État, indépendamment des dépositaires du pouvoir d'État. Il arrive parfois que la haine vis-à-vis d'un État ou même vis-à-vis du banquier désespérément inefficace se transforme en une haine vis-à-vis des autres et de l'élite qui gouverne à laquelle on prête généralement à tort le dessein de n'avoir d'ambitions que pour elle-même.

Or pour les gouvernants, le plaisir de servir est réel, la bonne volonté pour bien faire ne manque pas, mais il y a comme un vide propice à l'échec et qui happe sans cesse les forces vives. Ce vide, cette fatalité conduit à ne plus croire en ses capacités, à ne croire en rien, ni en son avenir propre ni en celui du développement, dans un environnement extérieur de plus en plus anxiogène et producteur consciencieux d'alertes. Dans un tel contexte, le dirigeant gouverne non pas pour lui-même comme on pourrait le penser, mais il gouverne avec ce qu'il trouve au fond de lui-même à savoir sa propre grille de lecture. Il y a cependant que cette grille de lecture personnelle apparait tellement fragile, face à des réalités entremêlées et particulièrement complexes, y compris pour les plus avertis du domaine.

Le débat sur la gouvernance doit cesser de ressembler à des dissertations scolaires. Il devrait porter sur des aspects plus concrets de la gestion. Pendant plusieurs années, la gouvernance était un thème dominant dans la vie des entreprises. On parlait de gouvernement d'entreprise pour définir le cadre et expliquer les règles de partage de pouvoirs et de rapport de force autour de la propriété du capital. L'entreprise prise comme une communauté humaine était alors un champ idéal pour fixer les règles de décision et observer les comportements des différents acteurs. La gouvernance d'entreprise est un sujet qui a beaucoup prospéré et donné lieu à de nombreux écrits dans le domaine du droit et dans celui non moins prolixe du management stratégique et financier des entreprises. Le capital anglo-saxon, fortement imprégné de la notion de responsabilité et où les rôles s'articulent davantage sur la notion de mandat donc de mission à accomplir que sur celle de statut, a fini par influencer la sphère publique. C'est probablement ce qui justifie le fait que les organisations de la société civile qui sont nées dans cette aire géographique proposent à leurs correspondants dans les pays africains notamment, la même analyse de la gouvernance.

En l'absence d'un tissu industriel conséquent et sans entreprises en nombre et aux activités qui essaiment le champ de l'économie nationale, il parait difficile de fonder un débat sérieux sur la gouvernance. En effet, la gouvernance est à la fois publique et privée et la première est généralement le prolongement de l'autre. Lorsque l'économie existe et que la production des biens et services est palpable et abondante, les options en termes de collaboration et de gestion, les sensibilités par rapport au partage de la richesse créée et les discours sur ces lieux de vie que sont les entreprises débouchent fatalement sur les débats de gouvernement ou de gouvernance. Ce sont les innovations théoriques et pratiques que ces discussions génèrent qui dessinent un chemin vers ce que les acteurs en présence perçoivent comme l'optimum, en fonction de leurs intérêts respectifs.

Sans ce vaste pan du concret de la gouvernance d'entreprise, le débat sur la gouvernance publique pourrait ressembler à un épuisement intellectuel. Peut-être croit-on pouvoir rechercher en priorité la gouvernance optimale dans les politiques publiques générales pour en espérer un ruissellement sur la sphère économique. Il s'agirait donc de créer de la vertu visible dans les hauts lieux de décision afin de la diffuser dans le reste de la société. Mais l'expérience des pays qui obtiennent des résultats probants donne à penser que le chemin inverse serait plus efficace, avec la fabrication des savoirs, des idées dans la réalité concrète du terrain pour forger des éléments d'une gouvernance réellement optimale.

### 7.4. La gouvernance face à la montée des incertitudes économiques

L'un des chapitres précédents fait constater le caractère extrême des risques qui surviennent aux économies, en lien avec l'environnement économique international. Les faiblesses dans les outils et capacités d'anticipation expliquent pourquoi les risques surviennent généralement dans leur phase extrême. Il est possible de constater que les chocs exogènes survenus à partir du second semestre 2014, avec des effets récessifs différés sur 2015 et 2016, ont de manière brutale conduit à une rupture de la trajectoire de la croissance. D'une croissance soutenue qui tentait raisonnablement d'approcher les deux chiffres au cours des années antérieures, les économies ont basculé dans la récession. L'analyse communément partagée a mis un accent sur les erreurs de gouvernance. Ceci est peut-être vrai mais certainement pas au sens où on le sous-entend. En effet, ce n'est pas un déficit généralisé d'expertise locale qui expliquerait la crise, mais une lecture inefficace des facteurs de risques qui affectent les marchés internationaux où les prix sont de plus en plus déconnectés des actifs sous-jacents auxquels ils se rapportent. En l'état actuel du fonctionnement de certains marchés internationaux et au gré des tensions géopolitiques et des rapports de force, les crises sur les marchés de certaines matières premières stratégiques peuvent être soudaines, massives et plus ou moins récurrentes.

Donc face à ces risques extrêmes qui ne sont plus de simples risques mais de véritables incertitudes qui pèsent sur les économies, la réponse ne réside pas seulement dans l'amélioration de la gouvernance. Elle repose également et surtout dans le renforcement des outils et des capacités analytiques, dans le renoncement à l'impéritie dans l'analyse les échanges économiques internationaux et dans la montée en puissance de la vision stratégique dans les politiques économiques. Tout comme il y a une gouvernance efficace et une gouvernance inefficace, il y a une politique économique inefficace quelles que soient les certitudes théoriques qui la sous-tendent, comme il y a une politique économique efficace car susceptible de transformer une réalité, un désert en territoire industriel, des débrouillards en capitaines d'industrie, des entreprises informelles en véritables fleurons et des apprentis managers en leaders pour l'emploi et dans la création effective de la richesse. La question de la gouvernance économique est en passe de devenir simplement la question de la gouvernance des risques ou plus exactement celle de la réduction des incertitudes économiques. Dans un tel contexte de risques croissants, on peut s'étonner de ce que le secteur de l'assurance, fondé sur la gestion de risque, ne prenne pas de part plus forte dans la composition de la richesse nationale produite. La vraie question qui vaille est en effet celle de savoir comment réduire les incertitudes.

Aujourd'hui, on y répond de plus en plus par la gouvernance, soit ! Si tout revient à la gouvernance pour connaitre et surmonter les incertitudes qui nous guettent et qui dans le passé ont bridé l'élan de développement dans nos pays, alors plusieurs questions semblent incontournables : comment améliorer la gouvernance publique ou même des institutions privées pour réduire les incertitudes et obtenir des meilleures performances économiques ? Que faire sur le plan de la gouvernance économique pour attirer les ressources financières, technologiques dont nous avons besoin pour la réalisation du potentiel économique de nos pays ? Comment améliorer la gouvernance économique de telle sorte que la politique économique ne soit pas un empilage de mesures dictées par des théories du 20$^{ème}$ siècle mais un ensemble cohérent de mesures transformatrices de la réalité de non-développement ? Ce questionnement montre qu'il faudrait, à la connaissance économique théorique très abondante en Afrique centrale, ajouter les fondamentaux de la stratégie d'entreprise. Car l'environnement économique national et international reste un vaste champ à diagnostiquer et tous les partenaires au développement, nationaux ou non, privés ou institutionnels, demeurent à des degrés divers des acteurs du jeu économique.

# Chapitre 8 :

# La crise économique actuelle (2015), comment en sortir ?

La crise économique qui sévit dans la sous-région depuis 2014 se caractérise essentiellement par le manque de liquidités dans les pays en raison principalement de la perte de revenus tirés des exportations notamment de pétrole. Aussi, il convient d'apporter, au-delà des réformes structurelles qui s'inscrivent nécessairement dans la durée, des réponses immédiates sous le nom d'ajustement budgétaire pour les États concernés. L'État ajuste donc ses besoins en fonction des ressources réellement disponibles en répondant à la problématique de la mobilisation des ressources financières et du calibrage des besoins tant en fonctionnement qu'en investissement.

## 8.1. Les obstacles à surmonter pour réussir la stabilisation en temps de crise

En partant de l'idée généralement admise que la gestion de la crise budgétaire passe par davantage de rigueur dans la gestion des finances publiques, les dépenses doivent nécessairement s'aligner sur les ressources. Dès lors, l'enjeu est celui de la recherche des ressources. Dans le cas spécifique des pays de notre espace géographique, cette démarche se heurte à deux obstacles qu'il convient de surmonter afin d'assurer l'efficacité de la politique de stabilisation envisagée.

Le premier obstacle est lié au niveau de développement des activités économiques dans le pays. En effet, c'est un exercice difficile que celui d'obtenir d'un pays en développement et en crise qu'il génère lui-même la liquidité dont il a besoin pour assurer son développement. Lorsqu'un pays connait la crise, qui plus est, s'il s'agit d'un pays en développement, deux caractéristiques essentielles apparaissent : l'inadéquation en volume entre les ressources financières et les besoins et l'insuffisance structurelle des ressources financières, technologiques et infrastructurelles du fait de son niveau réel de développement.

Partant de ce constat, la question de fond en ce qui concerne la stratégie budgétaire est de savoir comment mettre à contribution les dépenses en termes de réduction et les recettes en termes de maintien ou de diversification. S'agissant de la mobilisation des ressources supplémentaires, il s'agit de savoir quels acteurs économiques ou quels secteurs économiques vont être mis à contribution. L'objectif est de trouver les ressources dont le pays a besoin pour se stabiliser c'est-à-dire pour continuer à fonctionner à peu près normalement et pourquoi pas aussi pour investir notamment dans les équipements de base qui matérialisent le développement. L'enjeu de cette politique est d'autant plus important que la demande sociale ne s'ajuste pas naturellement à la baisse en lien avec la poursuite légitime du progrès social.

Les potentialités économiques d'un pays en développement même en temps de crise renferment un potentiel financier. Mais elles ne génèrent pas immédiatement les ressources budgétaires dont le pays a besoin. L'intérêt des réformes est donc de trouver le chemin le plus rapide pour transformer ce potentiel en richesses tangibles. Le décalage entre le temps court c'est-à-dire les effets immédiats de la crise et le temps long de la réforme introduit un élément supplémentaire de complexité. Il apparait vraisemblable que dans un pays en développement en crise les ressources financières manquent littéralement, ce qui accélère la crise de liquidités et met comme l'économie en arrêt. En de telles circonstances, la politique budgétaire doit jouer son rôle en trouvant rapidement les ressources financières qui manquent en actionnant tous les leviers disponibles. Cependant, le pays entier devrait trouver les ressources, pas que financières, pour s'en sortir en commençant par miser sur la fin de la crise et sur le développement futur du pays.

Le second obstacle est lié à la capacité d'endettement. La politique de stabilisation a ceci de mécanique que si l'on ne trouve pas en interne les ressources financières dont on a besoin, il faut les chercher auprès des partenaires extérieurs. Il y a la norme comptable du rapport de la dette au PIB qui permet de lire le niveau d'endettement du pays. C'est un repère quantitatif pertinent. Il s'agit à travers cette norme de pouvoir surveiller l'évolution de la gestion des finances publiques mais aussi de maintenir la capacité d'enrichissement collectif en préservant la richesse créée face à l'effet pernicieux de la dette. La puissance de cette vision prospective, au-delà du caractère contraignant de la règle, impose des obligations à l'État en rendant presque naturels les efforts en matière de gouvernance des finances publiques. Et cela est particulièrement indiqué pour réussir la stabilisation budgétaire.

En effet, pour un État, le niveau d'endettement renseigne les partenaires sur sa capacité à honorer ses échéances et sur la nature des politiques contraignantes que le pays est appelé à mener pour réduire son endettement. Un excès d'endettement extérieur par exemple pourrait modifier l'allocation des ressources financières du pays au détriment de la dette intérieure et des différents projets d'investissement dans le secteur productif ou tout simplement de modernisation de l'administration publique. Le risque ici est donc celui de l'amenuisement de la confiance vis-à-vis de l'État et des perspectives de croissance du pays, ce qui rend plus difficile la mobilisation des ressources financières.

En intégrant ces différents obstacles, on peut retenir que face à la crise de liquidité que traversent nos pays, la mobilisation des ressources devrait passer par les trois canaux habituels que sont l'impôt, l'intermédiation bancaire et le financement extérieur dont l'aide budgétaire constitue une étape certes nécessaire mais insuffisante par nature.

### 8.2. L'économie, les impôts et la mobilisation des ressources en temps de crise

Pour exister et se projeter dans l'avenir, un pays doit se construire une certaine autonomie financière visant à donner à l'État les moyens de sa politique. En effet, c'est la puissance financière de l'État qui permet l'organisation des règles et de la discipline nécessaires à la réussite des réformes structurelles, à la protection du secteur privé et à l'éclosion véritable de l'activité industrielle. L'enjeu pour un État c'est d'abord de réussir à rester un État pour être perçu comme tel par les populations, les commerçants et tous les promoteurs économiques nationaux et étrangers. Dans ce cadre, les ressources financières propres de l'État représentent un enjeu important car elles sont un élément déterminant de son autonomie. Ainsi donc, les impôts ; leur base de calcul ; la philosophie qu'ils portent ; la redistribution qui en découle sont le premier palier de la réponse à la crise. En effet, la fiscalité est un sujet central de la politique économique, en ce sens que la fiscalité est par essence l'instrument idoine de mobilisation de ressources par un État. Il existe différentes théories sur la question. Elles renferment à la fois des aspects purement techniques que des considérations d'ordre philosophique ou idéologique.

En effet, en ce qui concerne la fiscalité, il faut d'abord reconnaitre que le fait d'en faire le levier de la maitrise budgétaire est un simple rappel mais en même temps une avancée. Car au-delà de la nécessité de corriger des faiblesses opérationnelles inhérentes à l'appareil fiscal rencontrées dans nombre de pays en développement de la sous-région, cette démarche traduit paradoxalement une analyse positive de la capacité de l'économie à rebondir. L'État prélève des taxes parce qu'il doit le faire mais aussi parce qu'il sait que l'activité est viable. La maximisation du rendement de l'impôt est une option incontournable de l'ajustement budgétaire. Elle figure en bonne place parmi les mesures expérimentées par les économies avancées ou en retard. Elle a généralement constitué le pivot même de la politique économique, dans les pays en programme avec les institutions financières internationales. La logique comptable de cette démarche apparait fondée, dans la mesure où l'impact de la crise économique s'observe principalement sur la baisse des ressources de l'État.

Mais, au-delà de ce constat qui semble évident, la question pour l'État demeure aussi celle de la nuance réelle entre la maximisation et l'optimisation, entre le volume des recettes fiscales supplémentaires engrangées et la matière qui les génère en termes d'activité et de pérennité du socle économique national.

Dans un pays industrialisé, le débat sur la politique fiscale renferme une substance idéologique qui détermine le bord politique et permet de répondre à la question basique : à quelles couches sociales on prend les ressources et à quelles autres on les affecte de manière indirecte ? C'est la dimension sociale de la fiscalité qui s'entremêle aux objectifs de stabilisation et de relance économique. Il apparait donc ici la double dimension économique et sociale de l'impôt, dans un cadre macroéconomique plutôt stable, fiable et prévisible par la lecture des statistiques, et des stratégies des acteurs économiques ou des composantes majeures des différents secteurs de l'économie.

Dans un pays en développement, l'impôt garde ses attributs fondamentaux de collecte et d'affectation de ressources financières. Mais en regardant de plus près la réalité économique en Afrique centrale, on constate l'existence d'une classe moyenne trop minoritaire pour être un socle solide de la fiscalité relative aux revenus des particuliers et un entrepreneuriat local dont la richesse extériorisée reste en dessous du potentiel de création des richesses nécessaires. Il s'en suit donc des difficultés sérieuses à collecter la ressource fiscale au niveau souhaité, plus encore en temps de crise. Par ailleurs, le faible taux de bancarisation de l'économie ne permet pas la mobilisation conséquente de l'épargne. D'où le besoin indispensable des investissements directs étrangers, et aussi des importations encore massives rendues possibles par la nécessité économique et par la liberté de transfert de capitaux. De cette réalité qui ne prétend nullement à l'exhaustivité, il apparait difficile de structurer efficacement la politique fiscale de stabilisation dans un pays en développement et en crise économique, sans passer par une longue phase « d'expérimentation fiscale », malgré la valeur inestimable des fiscalistes du pays sur le terrain. Par ailleurs, Il faut souligner qu'en Afrique centrale la politique de change, outre les exigences relatives à la transparence financière, consacre la libre transférabilité des capitaux. Dans ce contexte marqué en outre par des importations importantes, on peut raisonnablement imaginer que l'économie, notamment en période de crise, pourrait souffrir, en raison d'une attractivité territoriale en construction donc trop faible pour attirer la masse colossale de capitaux actuellement en circulation dans le monde à la recherche de placements.

Afin de ne pas courir indéfiniment derrière la stabilisation financière, nous devrions sans doute accélérer les réformes susceptibles de donner de la substance à l'économie pour donner de la matière à l'administration fiscale. L'effort ne peut durablement reposer sur quelques entreprises et commerçants. Certains pays industrialisés ont fait le choix d'avoir un État minimaliste qui demande peu aux entreprises et qui reverse peu également en termes de redistribution c'est-à-dire de « filets sociaux » en faveur des citoyens dans le besoin. C'est la stratégie ou l'idéologie du cantonnement de l'État à ses tâches régaliennes pour ne pas brider la créativité et laisser les entreprises mener leurs affaires et donc créer de la richesse d'abord pour elles-mêmes et leurs propriétaires. Dans cette vision, les prélèvements obligatoires « croissants » sont sinon à bannir du moins à limiter fortement. D'autres pays de même niveau ont plutôt tendance à accroitre l'imposition pour assurer un bon niveau de vie, en matière de prestations sociales, au plus grand nombre. Mais, dans l'un et l'autre cas, les différents secteurs de l'économie fonctionnent à l'optimum et la productivité est réelle. Dans ces conditions, ce que l'État prélève, même dans les cas où les idéologies des gouvernants conduisent à des « excès » sur le plan fiscal, n'aboutit pas à la dégradation prononcée ou à l'arrêt de la machine économique du pays.

Cependant, dans un pays en développement, s'appuyer sur ces mêmes idéologies ou d'autres, pour bouger le curseur de l'impôt dans un contexte de déficit prononcé de l'activité économique à échelle industrielle, peut être une autre source importante d'appauvrissement collectif. Donc l'État doit savoir où il affectera la ressource avant même de la prélever. Il doit aussi savoir s'assumer afin d'utiliser avec le maximum d'efficience ce qu'il prélève. Par conséquent, il est donc impossible à l'État dans ces conditions de refuser de s'impliquer dans l'économie, sauf à se condamner, au mieux à l'attentisme et au pire, à l'échec permanent de la politique de stabilisation.

### 8.3. L'économie, les impôts et l'informel

Après la crise de 2016 en Afrique centrale et avant celle du coronavirus, la conjoncture économique était à nouveau favorable, les déséquilibres les plus problématiques (déficit budgétaire et déficit courant pour l'État et la couverture extérieure de la monnaie (pour la Banque Centrale) tendaient à se résorber. À la faveur de ce retournement perceptible de la conjoncture, il était à nouveau possible d'envisager plus sereinement les réformes structurelles dont celle visant à la transformation de l'économie informelle. Plutôt que d'alourdir la fiscalité, la réaction des pouvoirs publics face à la nouvelle crise, en Afrique centrale comme ailleurs, a été orientée vers la défiscalisation. En effet, dans une économie déjà faiblement productive et peu diversifiée, et en plus quasiment à l'arrêt du fait des mesures sanitaires mises en place, il eût été en effet contreproductif d'ajouter de la répression fiscale à la crise. La stabilisation budgétaire, qui est par ailleurs nécessaire, s'est faite en mobilisant modérément l'arme fiscale. Accroitre les recettes fiscales pour financer le développement, suppose d'une part, que les recettes fiscales sont faibles et en dessous du niveau optimal et que, d'autre part, celle faiblesse est pour l'essentiel imputable à l'appareil ou au dispositif fiscal dans le pays. Ce message envoyé aux pays en développement par la communauté financière internationale viserait, entre autres, le traitement effectif du potentiel fiscal supposé inexploré de l'économie informelle. Il faut certainement trouver le moyen de transformer l'économie informelle pour l'amener à participer pleinement à l'effort de création de richesse au niveau national. Il convient simplement de faire observer que la fiscalisation de l'économie informelle n'est pas le seul moyen de sa transformation.

Les enquêtes disponibles révèlent le poids prépondérant des activités liées à l'informel en Afrique centrale. Les plus optimistes avancent même des chiffres conséquents sur la part du PIB créée de manière souterraine par le secteur informel. Cependant, les enquêtes ne disent pas toujours exactement les causes profondes du phénomène. De la peur des impôts à un choix délibéré pour la marginalité organisationnelle et fiscale, il y a matière pour l'analyse visant un ajustement institutionnel face à un phénomène à très fort ancrage social. En d'autres termes, est-ce que le sous-développement génère l'économie informelle ou bien l'économie informelle est-elle une réponse singulière et adaptative au sous-développement ? On peut voir ainsi que la réponse à apporter à cette question n'est pas sans intérêt pour le contenu de la politique fiscale vis-à-vis de ce secteur. Et si, par nécessité immédiate de l'ajustement budgétaire, l'impôt sur l'informel précède la réflexion sur le diagnostic, alors la politique économique aura pris une voie potentiellement risquée pour la création de richesse. On retrouve ici tout l'intérêt de l'analyse précédente sur la question de la gouvernance.

Cependant, accroitre les ressources financières de l'État au travers des recettes fiscales pour financer le développement prend aussi tout son sens si la démonstration est faite que l'appareil fiscal du pays est en dessous du potentiel fiscal de l'économie. Il faut encore dans ce déficit cerner la part de l'outil technologique qui ferait défaut, celle des faiblesses liées aux comportements humains ou bien, plus fondamentalement, la question de l'inadéquation entre le corpus réglementaire et les réalités économiques et sociales. Si tel est bien le cas, alors la réforme fiscale ou l'ajustement budgétaire par la fiscalité devient un impératif, au service de l'efficacité globale de la gestion économique et pour la justice sociale.

### 8.4. Les ressources en provenance de l'extérieur

Au nombre de ressources financières susceptibles de provenir de l'étranger, à l'exception des emprunts obtenus auprès d'un partenaire bilatéral à l'extérieur, on peut identifier des ressources de deux natures : les fonds émanant de partenaires multilatéraux ou facilités accordées par ces derniers dans le cadre de programmes avec les pays en développement confrontés aux difficultés de paiement vis-à-vis de l'extérieur et des fonds apportés par des investisseurs étrangers désireux de s'installer dans le pays dans le cadre de ce qui est communément appelé

IDE (investissements directs étrangers). Si les fonds reçus des institutions internationales (multilatérales) s'inscrivent généralement dans des programmes bien définis pour gérer des difficultés financières conjoncturelles (FMI) ou pour soutenir des secteurs d'activité prioritaires (Banque Mondiale), les IDE suivent un autre parcours avec des montants très variables, au gré des choix stratégiques de chaque investisseur et en fonction de la perception du risque pays souvent alimenté par des informations issues de plusieurs canaux.

Plusieurs pays anciennement faibles sur le plan industriel ont pu ainsi connaitre un bond industriel grâce à l'apport des IDE. En effet, ces investissements se font essentiellement en direction du secteur privé local. Et lorsqu'ils se traduisent par la création d'industries, leur impact sur l'amélioration de l'emploi est indéniable. L'enjeu pour les pays de l'Afrique centrale est de rester compétitifs par rapport à d'autres parties du continent voire du monde. Il reste par ailleurs à déterminer le contenu véritable de ce que l'on met dans les réformes de nature à renforcer cette compétitivité. Les domaines de comparaison à l'échelle internationale sont nombreux. Ils tendent même à se relier dans un mouvement continu de complexification à mesure que se réduisent les distances culturelles et émotionnelles entre les habitants de la terre. Donc, il apparait de plus en plus difficile de cerner et surtout de conserver durablement les ressorts de sa compétitivité pour attirer les IDE.

De plus, à l'heure où émerge presque un nouveau monde avec ses nouveaux défis économiques et ses valeurs, il n'est pas exclu que la compétitivité entre les pays perde en intensité au profit de stratégies de partenariat ou d'alliance ou bien au contraire se déplace sur des secteurs inattendus tout en se renforçant radicalement. Les efforts pour attirer les Investissements Directs Étrangers seront probablement repensés, dans la mesure où se dessine un mouvement global de recentrage géographique des investissements vers les zones d'origine des capitaux. Autant la mondialisation a poussé à l'exportation des capitaux pour délocaliser la production au-delà des pays et des continents ; autant la demande visant à raccourcir les circuits économiques au profit des pays d'origine semble émerger nettement des nouvelles crises. Les investissements directs étrangers pourraient devenir paradoxalement le propre de la diaspora et des nationaux à grandes capacités de financement et soucieux de réinvestir l'espace économique national.

Par ailleurs, sur le plan interne, le volet analytique de la politique économique, celui de la compréhension des marchés locaux, du jeu des acteurs économiques et de leurs comportements, reste un vaste chantier, à force de se concentrer exclusivement sur les chiffres des grandeurs macroéconomiques. Il y a manifestement un travail à faire sur la microéconomie.

Il apparait donc en substance, dans ce schéma, que le marché du crédit est un carrefour particulièrement sensible pour écarter, arrêter ou au contraire pour promouvoir, attirer et accélérer les projets économiques de ceux qui en ont, quelle que soit la valeur des critères de sélection.

# Conclusion

Comment conduire une population qui cherche le chemin des matériaux nécessaires à son épanouissement, à penser également son existence avec les clés qu'offre l'économie au travers des questions d'argent et à composer efficacement avec les institutions qui en font commerce ? C'est là tout l'enjeu de la constitution d'un système financier en prise direct avec les problématiques de développement, efficace et capable d'avoir une grille de lecture véritablement au service de l'économie et du progrès social en Afrique centrale.

En effet, l'argent, car c'est de cela qu'il s'agit à travers le financement de l'économie et de tout le reste, rend service mais aussi régule, fabrique les entreprises et façonne les hommes et les femmes dans leur vie sociale. Mais, il le fait non sans charrier de nombreuses représentations mentales qui s'intensifient à mesure que les personnes se trouvent éloignées des réalités concrètes des mécanismes de fonctionnement des institutions financières. Dans les pays avancés, plusieurs siècles d'exercice ont conduit à des automatismes dans les relations entre les simples particuliers et leurs banques, d'une part, et entre les banques et le monde des affaires, d'autre part. En revanche, dans nos pays on en est encore parfois à gérer des appréhensions subjectives en lieu et place de la confiance.

Il faut inscrire le développement du secteur bancaire et financier dans un effort global de transformation de la société. Le point de départ de cette démarche est la promotion des idées qui amènent chacun, quel que soit son secteur d'activité économique, au niveau de dignité où il peut produire et innover pour être le point de départ du développement de tous. Ainsi, les enjeux bancaires en Afrique centrale, comme ailleurs dans les pays en voie d'industrialisation, ne se limitent guère au secteur financier. Ils se déclinent en défis qui s'amoncèlent et concernent autant l'environnement social que les institutions qui réalisent les opérations financières avec le public et concrétisent alors des projets de vie. En somme, les enjeux bancaires sont également des enjeux de développement, dans la mesure où ils renseignent sur les moteurs de l'économie et sur les ressorts qui aliment la perception du risque ainsi que les filtres cognitifs qui permettent aux acteurs du marché du crédit et à la société en général d'entrevoir le développement et le bien-être social.

Une belle âme qui s'ignore peut finir par douter d'elle-même et de son créateur et peut-être perdre son éclat. Il en va de même pour le potentiel économique en Afrique centrale qui, peut-être par ignorance aussi ou par inattention, crée encore peu de richesses et donne l'impression de se contenter de peu en fonctionnant de manière inexpliquée et parfois maladroitement. Mais par-dessus tout, la volonté de l'Homme, seule ou associée à un idéal fut-t-il religieux, spirituel ou autre pourvu qu'il transcende la réalité visible du moment, permet le progrès social. En effet, à travers l'histoire, les réalisations dans différents domaines portent le sceau de l'imagination et de la créativité humaine de par le monde entier. Il n'est pas absurde de dire que l'économie demeure depuis ses origines un vaste champ d'expérimentation de la pensée et des actions de l'être humain qui, s'adapte, observe, choisit, rêve et tente de créer le monde idéal. Lorsque l'Homme a une parcelle de pouvoir, à l'image du régulateur des services financiers face aux assujettis, les verbes cités se conjuguent avec davantage de force puisque ses choix et ses décisions dessinent les contours du bien-être collectif qu'il pressent.

Il est généralement admis en économie que la régulation est nécessaire afin de polir les rapports de force tout en respectant la liberté des acteurs, pour ne pas affecter la capacité à créer de la richesse sur un marché. Donc le régulateur veille à faire converger les efforts des participants vers le respect de l'intérêt général. Cependant, il est un fait que les acteurs économiques n'apparaissent pas de manière spontanée. Ils peuvent patiemment se construire eux-mêmes. Mais en général, ils sont aidés par une infrastructure réglementaire et technique et un dispositif d'accompagnement qui permettent l'éclosion de leurs talents. Le secteur bancaire, qui se trouve au cœur du circuit économique de par son impact sur le secteur privé notamment, n'est pas à l'abri de ce principe qui devrait irriguer la stratégie de régulation.

S'il y a une idée qui fait sens lorsqu'on examine sérieusement la situation économique et sociale des pays en développement de l'Afrique centrale, c'est le décalage parfaitement connu entre la densité du potentiel économique et le caractère encore limité des performances affichées. De ce constat sont nées des approches variées pour proposer des chemins vers le développement. En fonction du soubassement théorique qui les détermine, chacun de ces chemins, avec plus ou moins de succès, a choisi de s'appuyer sur un aspect du champ de l'activité économique.

Certaines approches ont misé sur l'environnement, aussi bien dans sa dimension locale avec la mise en avant de la question de la gouvernance ou du climat des affaires que sur la gestion des pesanteurs liées aux marchés de matières premières à travers un effort de diversification ; d'autres ont ciblé d'autres aspects qui structurent également de manière peut-être plus fondamentale la réalité économique et conditionnent le bien-être collectif. Il s'agit du déficit en infrastructures (les routes, les voies ferrées, l'énergie, les hôpitaux, les industries…, etc.) ; de la question de l'éducation avec la prise en compte du biais des systèmes éducatifs dans leur faiblesse à produire des savoirs en prise directe avec la réalité en vue de faire de leurs détenteurs des acteurs effectifs de la transformation économique et sociale ; et de la correction de la faiblesse structurelle de la pensée collective sur le plan de la projection stratégique en économie. L'ensemble des défis ainsi énumérés donne la mesure de l'étendue des enjeux liés à la problématique du financement coincée entre la discipline réglementaire du banquier, l'ambition des entrepreneurs et la vision stratégique des pouvoirs publics.

Les problématiques bancaires en Afrique centrale recouvrent ces aspects et beaucoup d'autres encore qui touchent aussi bien à la qualité de l'information dans les financements bancaires, qu'à la question de la gouvernance des risques face à des réalités économiques instables et dont la maitrise passe nécessairement par une véritable « prospective » des temps présents.

# Table des matières

## Structures éditoriales du groupe L'Harmattan

**L'Harmattan Italie**
Via degli Artisti, 15
10124 Torino
harmattan.italia@gmail.com

**L'Harmattan Hongrie**
Kossuth l. u. 14-16.
1053 Budapest
harmattan@harmattan.hu

---

**L'Harmattan Sénégal**
10 VDN en face Mermoz
BP 45034 Dakar-Fann
senharmattan@gmail.com

**L'Harmattan Cameroun**
TSINGA/FECAFOOT
BP 11486 Yaoundé
inkoukam@gmail.com

**L'Harmattan Burkina Faso**
Achille Somé – tengnule@hotmail.fr

**L'Harmattan Guinée**
Almamya, rue KA 028 OKB Agency
BP 3470 Conakry
harmattanguinee@yahoo.fr

**L'Harmattan RDC**
185, avenue Nyangwe
Commune de Lingwala – Kinshasa
matangilamusadila@yahoo.fr

**L'Harmattan Congo**
219, avenue Nelson Mandela
BP 2874 Brazzaville
harmattan.congo@yahoo.fr

**L'Harmattan Mali**
ACI 2000 - Immeuble Mgr Jean Marie Cisse
Bureau 10
BP 145 Bamako-Mali
mali@harmattan.fr

**L'Harmattan Togo**
Djidjole – Lomé
Maison Amela
face EPP BATOME
ddamela@aol.com

**L'Harmattan Côte d'Ivoire**
Résidence Karl – Cité des Arts
Abidjan-Cocody
03 BP 1588 Abidjan
espace_harmattan.ci@hotmail.fr

---

## Nos librairies en France

**Librairie internationale**
16, rue des Écoles
75005 Paris
librairie.internationale@harmattan.fr
01 40 46 79 11
www.librairieharmattan.com

**Librairie des savoirs**
21, rue des Écoles
75005 Paris
librairie.sh@harmattan.fr
01 46 34 13 71
www.librairieharmattansh.com

**Librairie Le Lucernaire**
53, rue Notre-Dame-des-Champs
75006 Paris
librairie@lucernaire.fr
01 42 22 67 13

www.ingramcontent.com/pod-product-compliance
Lightning Source LLC
LaVergne TN
LVHW051405061026
849535LV00009B/3368
* 9 7 8 2 1 4 0 3 4 7 0 1 6 *